本书受以下项目资助

国家社会科学基金项目“数字语言符号的认知加工机制——以汉蒙维数字为例”（立项编号：12CYY022；结项鉴定等级：良好；结项证书号：20190887）

中共山东省委党校（山东行政学院）2022年度重大项目攻关创新科研支撑项目“数字语言符号的认知加工机制研究”

数字语言符号的认知加工机制研究

张明亮◎著

A Study on the Cognitive Processing Mechanism of Digital Language Symbols

中国社会科学出版社

图书在版编目(CIP)数据

数字语言符号的认知加工机制研究/张明亮著. —北京：中国社会科学出版社，2023.10

ISBN 978-7-5227-2360-0

Ⅰ.①数… Ⅱ.①张… Ⅲ.①符号语言(语言学)—研究 Ⅳ.①H087

中国国家版本馆 CIP 数据核字(2023)第 145002 号

出 版 人　赵剑英
责任编辑　郭晓鸿
特约编辑　杜若佳
责任校对　师敏革
责任印制　戴　宽

出　　版　中国社会科学出版社
社　　址　北京鼓楼西大街甲 158 号
邮　　编　100720
网　　址　http://www.csspw.cn
发 行 部　010-84083685
门 市 部　010-84029450
经　　销　新华书店及其他书店

印　　刷　北京明恒达印务有限公司
装　　订　廊坊市广阳区广增装订厂
版　　次　2023 年 10 月第 1 版
印　　次　2023 年 10 月第 1 次印刷

开　　本　710×1000　1/16
印　　张　10.25
插　　页　2
字　　数　122 千字
定　　价　59.00 元

目　录

第一章　数字语言符号表面形式的表征方式：单一抽象的还是非单一抽象的？ …… (1)

第二章　以往研究回顾及本研究思路 …… (5)

第一节　以往研究涉及的相关概念 …… (5)

第二节　相关的代表性理论 …… (8)

第三节　以往研究的现状 …… (15)

第四节　本研究思路 …… (23)

第三章　不同数字语言符号表面形式对简单的浅层次数字加工的影响机制研究 …… (25)

第一节　不同数字语言符号表面形式是否影响到简单的浅层次数字加工？ …… (25)

第二节　不同数字语言符号表面形式对浅层次简单数字加工影响机制的研究假设 …… (26)

第三节　不同数字语言符号表面形式对浅层次简单数字加工影响机制的研究方法 …… (27)

第四节 不同数字语言符号表面形式对浅层次简单数字加工影响机制的研究结果 ………………………（31）
第五节 不同数字语言符号表面形式对浅层次简单数字加工影响机制的讨论 ……………………………（48）

第四章 不同数字语言符号表面形式对复杂的深层次数字加工的影响机制研究 ……………………………（55）
第一节 不同数字语言符号表面形式是否影响到复杂的深层次数字加工？ ……………………………（55）
第二节 不同数字语言表面形式对复杂的深层次数字加工影响机制的研究假设 ………………………（56）
第三节 不同数字语言表面形式对复杂的深层次数字加工影响机制的研究方法 ………………………（56）
第四节 不同数字语言表面形式对复杂的深层次数字加工影响机制的研究结果 ………………………（60）
第五节 不同数字语言表面形式对复杂的深层次数字加工影响机制的讨论 ……………………………（87）

第五章 结论与讨论 ……………………………………………（96）
第一节 数字语言符号表面形式的认知加工机制 ………（97）
第二节 语言和数量加工的内在联系和作用机制 ………（100）
第三节 本研究的创新之处 ……………………………………（101）
第四节 本研究的难点 …………………………………………（102）
第五节 本研究的不足 …………………………………………（103）
第六节 研究结论 ………………………………………………（104）

参考文献 …………………………………………………………………… (105)
索引 ……………………………………………………………………………… (121)
附录 ……………………………………………………………………………… (127)
后记 ……………………………………………………………………………… (150)

图目录

图 1　数字语言符号表面形式认知加工机制的争论…………（11）

图 2　阿拉伯数字在蒙古文和维吾尔文中的呈现方式
（左侧为蒙古文，右侧为维吾尔文）…………………（26）

图 3　不同数字语言符号表面形式对简单浅层次数字加工
影响机制的实验流程……………………………………（31）

图 4　汉族被试视觉阿拉伯数字形式左右反应位置与数字
大小在正确率上的差异…………………………………（32）

图 5　汉族被试视觉阿拉伯数字形式左右反应位置与数字
大小在反应时上的差异…………………………………（33）

图 6　蒙古族被试视觉蒙古语数字形式上下反应位置与数字
大小在正确率上的差异…………………………………（36）

图 7　蒙古族被试视觉蒙古语数字形式上下反应位置与数字
大小在反应时上的差异…………………………………（37）

图 8　蒙古族被试听觉蒙古语数字形式上下反应位置与数字
大小在正确率上的差异…………………………………（39）

图 9　蒙古族被试听觉蒙古语数字形式上下反应位置与数字
大小在反应时上的差异…………………………………（40）

图 10 汉族被试视觉阿拉伯数字形式左右手在不同数字上的反应时 ……（43）

图 11 汉族被试听觉阿拉伯数字形式左右手在不同数字上的反应时 ……（45）

图 12 蒙古族被试视觉蒙古语数字形式上下位置在不同数字上的反应时 ……（46）

图 13 蒙古族被试听觉蒙古语数字形式上下位置在不同数字上的反应时 ……（47）

图 14 不同数字语言符号表面形式对复杂深层次数字加工的影响机制实验流程 ……（60）

图 15 汉族被试视觉通道内的数字语言符号表面形式（视觉阿拉伯数字形式、视觉汉语数字形式）在不同错误类型上的反应时 ……（63）

图 16 汉族被试不同感觉通道内的数字语言符号表面形式（视觉阿拉伯数字形式、听觉汉语数字形式）在不同错误类型上的反应时 ……（64）

图 17 汉族被试不同感觉通道内的数字语言符号表面形式（视觉汉语数字形式、听觉汉语数字形式）在不同错误类型上的反应时 ……（65）

图 18 蒙古族被试视觉通道内的不同数字语言符号表面形式（视觉阿拉伯数字形式、视觉蒙古语数字形式）在不同错误类型上的正确率 ……（68）

图 19 蒙古族被试视觉通道内的不同数字语言符号表面形式（视觉阿拉伯数字形式、视觉蒙古语数字形式）在不同错误类型上的反应时 ……（68）

图 20　蒙古族被试视听不同通道内的数字表面形式（视觉蒙古语数字形式、听觉蒙古语数字形式）在不同错误类型上的正确率 …………………………………（69）

图 21　蒙古族被试视听不同通道内的数字语言符号表面形式（视觉蒙古语数字形式、听觉蒙古语数字形式）在不同错误类型上的反应时 …………………………………（70）

图 22　蒙古族被试视听不同通道内的数字表面形式（视觉阿拉伯数字形式、听觉蒙古语数字形式）在不同错误类型上的正确率 …………………………………（71）

图 23　蒙古族被试视听不同通道内的数字表面形式（视觉阿拉伯数字形式、听觉蒙古语数字形式）在不同错误类型上的反应时 …………………………………（72）

图 24　维吾尔族被试视觉通道内不同数字语言符号表面形式（视觉阿拉伯数字形式、视觉维吾尔语数字形式）在不同错误类型上的反应时 ……………………………（75）

图 25　维吾尔族被试视听不同通道内数字语言符号表面形式（视觉维吾尔语数字形式、听觉维吾尔语数字形式）在不同错误类型上的反应时 ……………………………（76）

图 26　维吾尔族被试视听不同通道内数字语言符号表面形式（视觉阿拉伯数字形式、听觉维吾尔语数字形式）在不同错误类型上的反应时 ……………………………（78）

图 27　汉蒙维三民族视觉阿拉伯数字语言符号表面形式在不同错误类型上的正确率 ……………………………（79）

图 28　汉蒙维三民族视觉阿拉伯数字语言符号表面形式在不同错误类型上的反应时 ……………………………（80）

图 29 汉维两民族视觉阿拉伯数字形式在不同错误类型上的正确率 …………………………………………………… (81)
图 30 汉维两民族视觉阿拉伯数字形式在不同错误类型上的反应时 …………………………………………………… (82)
图 31 汉蒙维三民族视觉民族语言数字形式在不同错误类型上的正确率 ………………………………………………… (83)
图 32 汉蒙维三民族视觉民族语言数字形式在不同错误类型上的反应时 ………………………………………………… (84)
图 33 汉蒙维三民族视觉民族语言数字形式的乘数相关错误效应 ………………………………………………………… (85)
图 34 汉蒙维三民族听觉民族语言数字形式在不同错误类型上的正确率 ………………………………………………… (86)
图 35 汉蒙维三民族听觉民族语言数字形式在不同错误类型上的反应时 ………………………………………………… (86)

表目录

表 1　汉族被试在不同数字语言符号表面形式下两种
错误类型的正确率和反应时（$M \pm SD$）及乘数
相关错误效应……………………………………………（61）
表 2　蒙古族被试在不同数字语言符号表面形式下两种
错误类型的正确率和反应时（M ± SD）及乘数
相关错误效应……………………………………………（66）
表 3　维吾尔族被试在不同数字语言符号表面形式下两种
错误类型的正确率和反应时（$M \pm SD$）及乘数
相关错误效应……………………………………………（73）

第一章　数字语言符号表面形式的表征方式：单一抽象的还是非单一抽象的？

数字，既可表示事物的外部特征（如长度、面积、体积、种类等），也可用于人们的计算（如加减乘除等），普遍存在于人们的日常交流和生活。数字既是表示事物量的基本数学概念，也是观念和符号的结合，它不但是计数的符号，具有计算功能，更是一种文化现象，是语言文字符号体系中的重要组成部分。数字具有不同的表面形式（Brysbaert，2005），根据文化/语言的种类可分为阿拉伯数字、汉语数字、蒙古语数字、维吾尔语数字等不同的数字语言符号（如 7，七，ᠳᠣᠯᠣᠭᠠ，seven，൭，๗，௭，૭，७，໗，等等），根据呈现的通道不同，又可以细分为视觉汉语数字、听觉汉语数字，视觉蒙古语数字、听觉蒙古语数字等。从具体的视角探讨“数字语言符号的表面形式如何影响认知加工，也就是，数字语言符号的表面形式到底是以单一抽象的编码方式进行表征还是以非单一抽象的方式进行表征”是数学认知研究中的核心问题和热点问题之一（Zhang，Si，Zhu，2013），从更宽泛的视角探讨语言和数量的关系也一直是数学认知领域学者关注的焦点与核心问题之一（Kadosh，Dowker eds. ，2015）。

围绕这一核心问题，众多研究者进行了深入探讨。如 Zhang 等（2013）考察了数字语言符号的不同表面形式（视觉阿拉伯数字形式、听觉言语数字形式、视觉阿拉伯—听觉言语数字形式、听觉言语—视觉阿拉伯数字形式）条件下的乘数相关错误效应的差异，并为特异通路假说提供了证据支持。已有研究发现阅读/书写经验影响简单数字加工（Moeller，Shaki，Göbel，Nuerk，2015）。大量双语研究表明，在基本的数量任务中已发现语言的影响，如数量比较、倒置、数字线估计（Moeller et al.，2015；Prior，Katz，Mahajna，Rubinsten，2015）；不同语言文化中 SNARC 效应（空间数字联合反应编码效应，在数字大小判断和奇数偶数判断等任务中，右手对大数的反应更快，左手对小数的反应更快，也就是，数字表征具有空间特性）的发现，揭示了数字认知中的基本文化差异（Moeller et al.，2015）。另外，研究者在基本的数量任务中还发现不同感觉通道对数量表征的影响（赵琪、李龙凤、邓之君、陈英和，2017）。然而，上述研究虽然发现了数字语言符号不同表面形式条件下数字加工或数量加工的差异，但是并未系统揭示数字语言符号的表面形式到底是如何影响数量加工的。

关于语言与数量的关系存在两种相反的观点（林泳海、刘登强、赵志远，2014；刘东台、李小建，2006），艾弗拉姆·诺姆·乔姆斯基（Avram Noam Chomsky）等一部分学者认为数量来自语言，数字认知是语言认知的一部分。乔姆斯基认为："人类数学思维本质上是从语言中抽象而来的"；Gelman 等另一部分学者则认为数量相对独立于语言（刘东台、李小建，2006），比如，Gelman 和 Gallistel（2004）发表在 *Science* 上的研究提出，数量能力是一种相对独立于语言的特殊能力。与传统非此即彼截然对立的观点有所不同，最新研究则为语言与数量之间的双向相互影响提供了证据。比如，Lachmair、Dudschig、Vega 和 Kaup（2014）首次发现，数字和空间词汇之间存在双向的相互影响（小数字对应下空间词汇，大数字对应上空间词汇）。然而 Lachmair 等（2014）的发现仅限于德语情景中的空间词汇，而且这里的空间词汇又仅限于具体名词，由于 SNARC 效应具有跨文化差异（文化塑造性），因而在汉语背景下语言（具体空间词汇、抽象词汇）与数量之间的关系是否仍然是双向相互影响的值得深入探讨。

鉴于此，本书研究的核心任务就是从具体的视角系统探讨"数字语言符号的表面形式如何影响认知加工"。具体就是，从数字加工的浅层次（选用代表浅层次数字加工的 SNARC 效应为核心考察指标）和深层次（选用代表深层次数字加工的乘数相关错误效应为核心考察指标）两个层面开展研究，以期全面深入系统地揭示数字语言符号不同表面形式的认知加工机制。其中，研究一以简单数字加工中的经典 SNARC 效应为核心考察指标，选择三个民族（汉族、蒙古族、维吾尔族）、四种不同的数字语言符号（汉语数字、蒙古语数字、维吾尔语数字、阿拉伯数字）①、两种不同的感觉通道（视觉数字形式、听觉数字形式），系统考察"数字语言符号表面形式自身"、"数字语言符号表面形式自身及

---

① 汉语数字、蒙古语数字和维吾尔语数字是中华人民共和国成立前就已经使用文字的 21 个民族（24 种文字）中"使用人数最多"、"影响面最广"、"民族文化色彩最浓厚"、"历史最悠久"、"分属不同语系"和"书写顺序截然不同"的文字，可以充分解决以往研究"数字语言符号表面形式代表性不够"的问题。具体来说，汉语数字属汉藏语系，蒙古语数字和维吾尔语数字属阿尔泰语系；从书写顺序上来看，选用的数字语言符号涵盖了世界上主要的三种书写顺序（右行向下、下行向右、左行向下），其中，汉语和阿拉伯数字是右行向下（即先从左向右写成行，行与行之间由上及下），蒙古语数字是下行向右（自上而下从左到右竖着写），维吾尔语数字则是左行向下（从右往左自上而下书写）。

其所蕴含的阅读/书写顺序经验”[①]、“数字语言符号表面形式自身所处的周围语境”（周围语言文字的阅读/书写顺序，譬如，阿拉伯数字“5”处于视觉汉语数字形式与视觉维吾尔语数字形式语境中是不同的，视觉汉语数字形式阅读/书写顺序是右行向下，而视觉维吾尔语数字形式则是左行向下）[②]、“感觉通道”是否会影响浅层次的简单数字加工。在此基础上，研究二以乘数相关错误效应作为核心考察指标，深入考察上述因素是否会对深层次的数字加工产生影响。

另外，在从具体的视角系统揭示数字语言符号表面形式（视觉/听觉阿拉伯数字、视觉/听觉汉语数字、视觉/听觉蒙古语数字、视觉/听觉维吾尔语数字）认知加工机制的基础上，我们从更宽泛的视角探讨了语言与数量的关系[③]。具体来说，从具身认知的视角出发，以两类符号（具体空间词汇、抽象权力词汇，数字）加工时激活的垂直空间信息为中介，采用 Go/No-go 实验范式阐释语言和数量加工的内在联系和作用机制。

---

① 本研究首次将“数字语言符号表面形式自身”与“数字语言符号表面形式自身及其所蕴含的阅读/书写顺序经验”二者进行了有效分离，以往研究由于选择的数字语言符号表面形式种类较少，无法将二者进行分离，以至于得出的研究结论将二者混淆在一起，无法更精准地推断出到底是“数字语言符号表面形式自身”还是“数字语言符号表面形式自身及其所蕴含的阅读/书写顺序经验”或者是二者共同导致的研究结果。

② 本研究首次将“数字语言符号表面形式自身所处的周围语境”也作为考察对象。

③ 本书仅简要介绍“语言与数量关系”研究的主要发现（结论），详见课题组成员杨伟星的学位论文《汉语词汇与数字加工的共同表征基础》。

第二章　以往研究回顾及本研究思路

第一节　以往研究涉及的相关概念

一　数字语言符号表面形式

数量是一个抽象概念，没有具体的感觉属性。然而，数字在不同的语言文字符号体系中却表现出截然不同的表面形式（如7，七，يەتتە，seven，७，๗，௭，૭，౭，໗，等等）。数字语言符号表面形式，根据文化/语言可分为汉语数字、蒙古语数字、维吾尔语数字、阿拉伯数字、英语数字和罗马数字等不同形式；根据呈现的感觉通道可分为触觉的数字、听觉的数字和视觉的数字等。多年来，不同的数字语言符号表面形式如何进行数量表征一直是数学认知领域研究中的重要主题（陈辉，2010；张明亮、司继伟、朱晓文，2009；Van，Schiltz，2016）。虽有大量研究对其进行探讨，但学界至今尚未形成一致结论。有研究者提出，已有研究结果不一致的可能原因是个体对不同加工层次的数量以不同的方式进行表征，也就是个体的具体表征方式取决于任务需求，个体对于那些相对较为简单的任务（比如数量大小比较任务），以浅层次的方式进行表征，而对于那些相对复杂的任务，则以深层次的方式进行表征（陈辉，2010）。

二 数字的空间表征——SNARC效应

数字反应联合编码效应（the effect of Spatial Numerical Association of Response Codes，SNARC），最早由Dehaene等研究者发现（Dehaene，Bossini，Giraux，1993），在实验中，他们让被试（心理学研究中接受实验或测验的对象）通过左手或右手的按键来判断呈现数字的奇偶性，他们惊奇地发现，对于那些数值相对较大的数字（比如7、8、9），右手的反应比左手的反应更快；而对于那些数值相对较小的数字（比如1、2、3），则恰好相反，左手的反应比右手的反应更快。Dehaene等研究者将这种现象命名为SNARC效应，并用“心理数字线”对效应的产生原因进行解释：个体将数字表征在一条水平方向上的心理数字线上，数字按照从小到大的排列顺序依次表征在这条心理数字线上，小数表征在左侧，大数表征在右侧。这种表征与左手和右手的反应一一对应，从而形成了左手对小数的反应更快、右手对大数的反应更快的SNARC效应。但是对于其起源并未形成一致的结论（定险峰、靖桂芳、徐成，2010；杨金桥、张奇，2010）。

此外，这一效应不仅限于水平空间方向（Fischer，Moeller，Class，Huber，Cress，& Nuerk，2016；Goffaux，Martin，Dormal，Goebel，Schiltz，2012），后来的研究也发现，在垂直空间方向上

也存在这一效应（Winter et al.，2015）。基于此，心理数字线假设被扩展到具有水平和垂直方向的心理数字地图。

三　乘数相关错误效应

乘数相关错误（operand-related error，即错误乘积与乘数或被乘数中的一个或两个保持正确的联系[①]，本书中简称“Rel 型错误”）是错误效应的主要类型之一。Stazyk 等（1982）最早发现，乘数相关错误比乘数无关错误（operand-unrelated error，即错误乘积与乘数或被乘数中的任何一个都无正确联系，简称“Unr 型错误”）反应时更长、正确率更低，并将其归因于算术知识记忆表征的相互联系。Niedeggen、Rösler 和 Jost（1999）以及 Jost、Beinhoff、Henninghausen、Rösler（2004）为“乘数相关错误效应反映了算术问题的语义联系”提供了电生理学证据，而语义联系则属于认知加工的中心阶段。

选用“乘数相关错误效应”作为核心考察指标的研究逻辑是：考察数字语言符号不同表面形式的差异是否影响到乘数相关错误效应，如果影响到了，则表明数字语言符号的不同表面形式能够影响到数字加工的提取或生成的中心阶段（非编码阶段），从而为特异通路假说（即数字语言符号的不同表面形式以非单一抽象的方式进行表征）提供证据支持，反之，如果影响不到，则为共同通路假说（即数字语言符号的不同表面形式以单一抽象的方式进行表征）提供证据支持。

---

① 比如，被试对问题“7×9”得出错误乘积答案“54”，错误乘积答案“54”与乘数“9”是有正确联系的［（7－1）×9＝54］。

第二节　相关的代表性理论

一　数字语言符号表面形式影响数字认知加工的相关理论

有关数字语言符号表面形式如何影响认知加工的理论并未形成一致，已有的理论有共同通路假说、特异通路假说和共同通路与特异通路并存假说。

（一）共同通路假说

共同通路假说认为："数字语言符号的表面形式仅仅影响到数字加工的编码阶段，影响不到数字加工的中心阶段——提取或生成阶段，即数字语言符号不同表面形式的问题刺激经编码后将被转换成同一的心理表征，不管问题刺激的数字语言符号表面形式如何，都将沿共同的通路进行加工。"（Dehaene，1996；Duyck，Brysbaert，2008；Ganor-Stern，Tzelgov，2008；Herrera，Macizo，2008；Libertus，Woldorff，Brannon，2007；Pinel et al.，2001）Dehaene（1996）发现，数字量以"单一抽象的形式"表征在左右脑顶内沟。符号和非符号刺激的比较则显示出同样的比率和大小效应，激活了顶叶相同的区域（如 Fias，Lammertyn，Reynvoet，Dupont，Orban，2003），表明他们通过相同的机制进行加工（如 Cantlon，Platt，Brannon，2009）。Pinel 等（2001）发现，存在一个独立于数字语言符号表面形式的关于数量的中心语义表征系统。Libertus 等（2007）发现，存在一个独立于数字语言符号表面形式的抽象语义加工阶段。Herrera 和 Macizo（2008）发现，启动效应具有跨数字语言符号表面形式的特性。Duyck 和 Brysbaert（2008）则发现，从母语言语数字到第二语言言语数字的转换表现出语义数量效应，但从第二语言到母语却未发现此效应，表明在言语数字语言符号的转换中并没有存在所谓的双重通路。Ganor-Stern 和 Tzelgov（2008）发现，不同数字语言符号表面形式的数字自动转换成共同的数量表征。上述研究均支持共同通路假说。

（二）特异通路假说

多数学者则支持特异通路假说。特异通路假说认为："数字语言符号表面形式不仅影响到数字加工的编码阶段，而且影响到数字加工的中心阶段——提取或生成阶段，即不同数字语言符号表面形式的问题刺激经编码后仍保持特异性并沿不同的通路进行加工。"（张明亮，2008；张明亮、司继伟、朱晓文，2009；Campbell，1999，2006；Campbell，Metcalfe，2008；Jackson，Coney，2007；Kadosh，2008；Kadosh，Henik，Rubinsten，2008；Metcalfe，Campbell，2008；Roggeman et al.，2007；Zhang，Si，Zhu，2013）如 Campbell（1992）开启了该领域研究的先河，对抽象表征理论模型"提取阶段已经达到一个独立的计算模块且对问题刺激的原始形式不敏感"的主要假设进行验证，结果发现"数字语言符号表面形式"与"大小效应"存在显著的交互作用，从而为数字语言符号表面形式影响到答案的提取提供了最初的实验支持。"大小效应"是指，我们在计算"较大问题"（如 $8 \times 9 = 72$）时，会比计算"较小问题"（如 $3 \times 4 = 12$），反应时更长，错误率更高。Campbell（1994）进一步发现任务（加法和乘法）、大小效应和数字语言符号表面形式（视觉言语数字与阿拉伯数字）三因素间交互作用显著，从而为数字语言符号表面形式影响提取机制提供了证据。不过 Campbell 自己也承认该研究存在一些瑕疵：假如大小效应因操作任务的不同而有所差异，则占用注意资源较多的较大问题在那些需要较多注意资源进行编码的数字语言符号表面形式下（也就是言语数字语言符号）受到的干扰则比较大。Campbell（1999）试图通过控制 SOA（从前一个刺激的起点到后一个刺激的起点）来考察交互作用中编码的影响，研究发现，交互作用主要源于提取或生成阶段。Campbell 等（2004）研究发现，数字语言符号表面形式影响到计算策略的选择。Jackson 和 Coney（2007）发现，在乘法运算的长 SOA 和加法运算的短 SOA 条件下的阿拉伯数字语言符号问题的启动效应明显大于视觉言语数字语言符号问题的启动效应，从而也为特异通路假说提供了实验支持。Roggeman 等（2007）发现，在阿拉伯数字和点阵数字中启动效应存在量的差异，认为阿拉伯数字激活位置编码类型的心理表征，而点阵数字形式则激活总编码类型的数字表征。Kadosh 等（2008）研究发现，数字语言符号表面形式影响到数字加工，而且两者表征是分离的。

Metcalfe 和 Campbell（2008）则将数字语言符号表面形式由视觉扩展到听觉，发现数字语言符号表面形式、操作任务及大小效应三因素间存在显著的交互作用，也就是乘法操作中听觉英语数字的大小效应小于阿拉伯数字，而在加法操作中却发现听觉英语数字的大小效应大于阿拉伯数字。大小效应在两种不同数字语言符号表面形式及不同操作任务中表现出的相反倾向也为特异通路假说提供了证据支持。Cao 等（2010）运用 ERP 技术对阿拉伯数字和汉语数字语言符号进行考察发现，数字语言符号的表面形式影响到了语义加工。上述研究均为特异通路假说提供了证据支持。“共同通路假说”与“特异通路假说”的对比见图1。

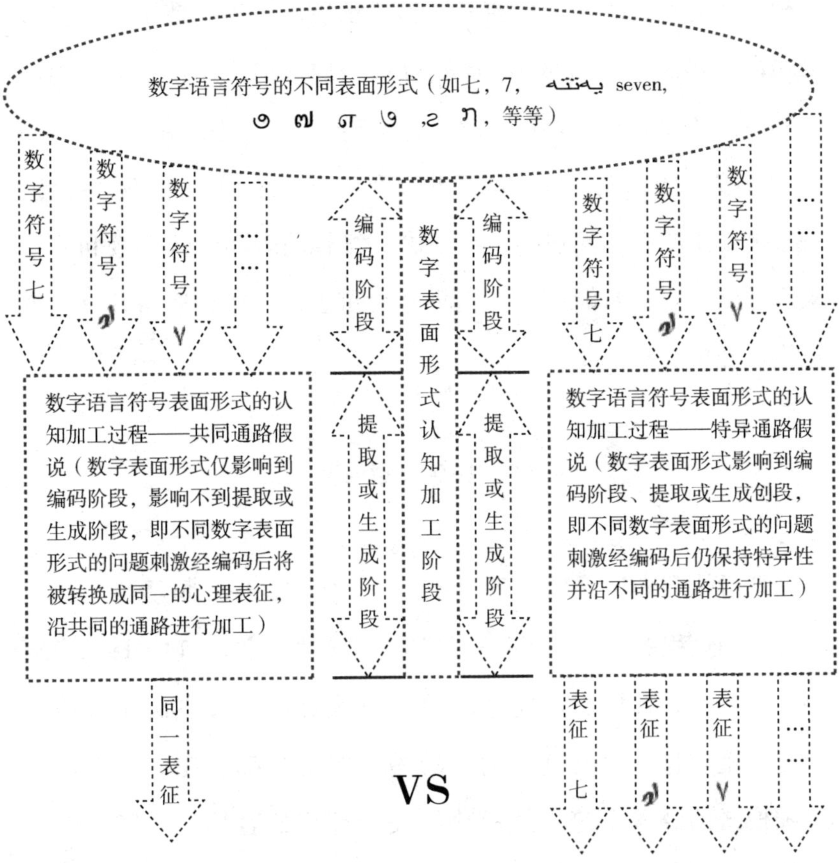

图1　数字语言符号表面形式认知加工机制的争论

（三）共同通路与特异通路并存假说

少数学者提出共同通路与特异通路并存假说（Holloway，Price，Ansari，2010；Kadosh，R. C.，Kadosh，K. C.，Kaas，Henik，Goebe，2007；Nieder，Ilka，Oana，2006；Piazza，Pinel，Bihan，Dehaene，

2007；Dormal et al.，2010）。比如，Nieder 等（2006）发表在 *Science* 上的研究发现，在左右脑顶内沟中存在一定比例的神经元与数字量相联系却对数字语言符号的表面形式不敏感，也存在一些神经元对数字语言符号的表面形式敏感，这表明数字语言符号的表面形式依赖（*format-dependent*）与抽象加工在左右脑顶内沟中并存。*Piazza* 等（2007）的研究也得出了类似的结论。Kadosh 等（2007）的研究则进一步发现，顶叶功能存在左右不对称性，抽象表征主要在左侧顶叶，数字语言符号的表面形式依赖和非抽象表征则主要在右侧顶叶，从而为共同通路与特异通路并存假说提供了证据支持。

二 具身认知理论

具身认知理论兴起于 20 世纪 70 年代，身体、情境与心智三者对认知过程的交互作用日益受到心理学家的关注（Gallese，Lakoff，2005）。具身认知理论指的是身体及其经验在认知活动中所起的重要作用，与这个世界的每一次交互都会在大脑中留下多种模式的经验痕迹，从而获得关于相应的客体、环境和事件的信息（陈丽竹、叶浩生，2017；Borghi，Binkofski，Castelfranchi，Cimatti，Scorolli，Tummolini，2017；Sullivan，2018；叶浩生，2013b；郑皓元、叶浩生、苏得权，2017）。该理论认为，身体的生理结构决定了我们的认知活动，身体的活动和经验也会影响我们的认知活动，个体在经历现实实体的时候经常也会经历用来表示这些实体的语言标签，实体的经验痕迹可能因此与语言的经验痕迹联系起来，之后，这些语言就会自动重新激活对应的多模态记忆痕迹，然后这些记忆痕迹会赋予语言特定的含义从而完成语言的理解，因此，理解等同于心理模拟描述的实体（Pecher，Zwaan，2005）。认知需要身体的参与，在某种程度上来说，认知等同于身体经验的重新激活（Fischer，2018；Fischer，Shaki，2017；Lin，2018；叶浩生、麻彦坤、杨文登，2018）。该理论是目前最有希望解释个体对世界的认知是如何发生的理论（杨伟星，2018）。

三　具身观的数量表征

（一）离身认知的数字表征观

自20世纪中叶，伴随着计算机科学和神经科学的快速发展，心理学界兴起了一场汹涌澎湃的认知革命。第一代认知科学随之诞生，并确立了基于"表征计算"的研究取向。表征计算理论的核心是"把人类的心智活动类比为计算机的信息加工过程"。数概念的形成依赖储存于语义系统和记忆内的符号，举例来说，3只雪糕可以用3根手指来标识数量"3"，也可以用抽象数字符号"3"来标识，幼儿通过类似的这种一一对应建立联系，从而逐渐意会了数量"3"的抽象含义，进而通过"分析和结合""比较和分类""抽象和概括"等方式逐步形成数概念，最后再构建起更为复杂精细的数学知识的概念网络（杨雅琳、杨伟星、张明亮、司继伟，2018）。

第一代认知科学本质上是"离身"的。在其看来，人类的概念系统和感觉运动系统相互独立存在，认知和知觉是相互分离的两个不同的系统。作为一种输入系统的知觉系统仅负责从环境中提取信息；而认知系统则负责对输入系统的信息进行加工。叶浩生（2013a）将离身认知的概念表征观称为转换原则。并假定当个体体验到视觉、听觉以及运动状态的情境之后，这些被我们体验到的感知觉经验将被我们的感觉系统转换成一些“非模态”符号，这些不携带知觉起源信息的非模态符号，将那些通过身体获得的知觉状态转换成一种全新的表征语言，将原本属于身体的、知觉的状态改变成为本质上与身体无关的信号（叶浩生，2013a）。在某种意义上它们可以被任意地与其他信息相联系。并且这种转换过程一旦完成，便会以间接经验的符号形式储存于记忆中。概念形成所依赖的就是这些单一抽象符号（叶浩生，2013a）。经典数认知理论（抽象编码模型、三重编码模型、多元编码模型）均强调数字从“输入”到“输出”都必须经过语义表征环节，遵循转换原则，强调“感知系统”的使命就是向大脑传输信息，信息传输完成后其使命即告终结，个体的认知过程仅仅是大脑对感觉系统所输入的符号进行操作的过程。虽然离身认知理论也承认“感觉运动信息”的重要性并认为其可以影响到概念通达，然而，该理论却坚持认为这种促进影响仅仅是伴随性或辅助性的，并不是概念表征的必要条件（Domenico，2011；Dove，2009）。离身认知理论最大的理论缺陷就是始终无法解答“符号接地问题”（符号如何获得意义的问题）。

（二）具身认知的数字表征观

20 世纪 80 年代开始，融合了“具身认知”、“情景认知”以及“动力系统”等新观点的第二代认知科学，反对传统认知科学中的“身心二元论”，强调“身体”、“情境”和“心智”在认知过程中的交互特点及其重要性。具身认知理论认为“数字”并不是单一抽象的，而是携带最初感知觉信息模态的一种符号，那些关于数量情境的体验将引发或激活个体的知觉、情感，甚至动机，而且将会参与到数量表征的过程中。“概念形成”和“数量表征”均依赖于感知—运动系统（叶浩生，2010；Gallese，Lakoff，2005）。认知的过程就是感知运动信息以模拟的方式被重新激活的过程（杨雅琳等，2018；Pecher，Zwaan eds.，2005），这就解决了离身认知理论中最大的问题，从而为解答“符号接地问题（符号如何获得意义的问题）”提供了可能，同时也为“数概念的来源”提供了新的理论解释。

具身认知与离身认知数字表征观两者间争论的核心就是“感知—运动过程是仅仅作为信息输入系统的存在也还是参与了数量认知的过程（杨雅琳等，2018）。本研究也将对这一争议进行检验。

第三节　以往研究的现状

一　数字语言符号表面形式与SNARC效应

SNARC效应的起源至今众说纷纭，主要分为先天与后天经验两种。已有大量研究从数字语言符号表面形式的角度来探讨SNARC效应的起源。如Moeller等研究者选择四种阅读和书写经验不同的语言文字（即英语、德语、希伯来语和阿拉伯语），探究其对数字加工的影响，研究发现两者的交互作用显著，在排除教育的作用下，认为基本数字认知受到文化的影响（Moeller et al.，2015）。

大量研究发现，不仅不同数字语言符号表面形式的加工过程中存在SNARC效应（Fischer，Riello，Giordano，Rusconi，2013），不同感觉通道中也存在SNARC效应（樊景珍，2014；孔风、赵晶晶、游旭群、张宇，2012；Golob，Lewald，Jungilligens，Getzmann，2015；Nuerk，Wood，Willmes，2005）。孔风等（2012）研究发现，在听觉通道条件下，对负数的低水平加工可以产生注意的SNARC效应，也就是，当线索是绝对值比较小的负数的时候，被试左耳对目标的反应将会更快，反之，当线索是绝对值比较大的负数的时候，右耳对目标的反应将会更快。上述结果表明，个体对负数的加工是通过负数绝对值的大小与空间表征发生关联，而并不依赖于负数所处的情景，这与视觉条件下对负数的加工模式不一致（张宇、雷维娜、游旭群，2010）。因为在听觉通道条件下，个体很难将负号（-）与整数（如5）作为一个统一整体进行加工，只能依赖于负数绝对值的大小；而在视觉通道条件下，文化对负数空间表征的影响受东西文化差异的调节，具体就是，西方文化背景下引发二者的联结比较困难（Fischer，Rottmann，2005；Dodd，2011），然而，在中国等东方文化背景下，对负数的空间表征则比较容易受其所在数字情景及加工深度的影响。Nuerk、Wood和Willmes（2005）系统比较了视听两种感觉通道条件下SNARC效应的差异，并提出了五种可能性，他们发现正数的SNARC效应在两种感觉通道条件下没有差异，表明SNARC效应不具有通道特异性。

不仅符号上存在SNARC效应，而且非符号上也存在SNARC

效应（胡成林、熊哲宏，2011，2016；司继伟、周超、张传花、仲蕾蕾，2013）。这些研究都不同程度地支持数字空间表征的具身认知观，即数字空间关联很可能来自我们与周围世界的感觉运动的交互经验（杨伟星，2018）。

如上所述，对于视听感觉通道条件下 SNARC 效应的差异，以往研究结论并不一致（任林林，2014），视觉通道条件下对数字的表征将出现 SNARC 效应已成为学界定论，然而，听觉通道条件下是否依然出现 SNARC 效应，还是该效应的出现将依赖于听觉通道条件下的实验任务呢？这些都有待于进一步澄清和解决。

二 数字语言符号表面形式与乘数相关错误效应

乘数相关错误效应指的是错误乘积与乘数或被乘数中的一个或两个保持正确的联系[①]（Rel 型错误），比错误乘积与乘数或被乘数中的两个均无正确联系[②]（Unr 型错误）的反应时更长、错误率更高，是错误效应的主要类型之一。Stazyk 等（1982）采用验证任务发现乘数相关错误（Rel 型错误）比乘数无关错误（Unr 型错误）的反应时更长、错误率更高，他们认为这是由于算术知识表征之间在记忆中存在关联。Campbell（1995）对此提出进一步的解释，认为，当问题 7 × 8 出现时，所有与所呈现问题共享操作数的问题节点（如 7 × 9 和 6 × 8）也会在某种程度上得到激活。

① 比如，被试对问题“3 × 4”得出错误乘积答案“16”，错误乘积答案“16”与被乘数“3”是有正确联系的［（3 + 1）× 4 = 16］，在本研究中我们称此类型错误为 Rel 型错误。

② 比如，被试对问题“3 × 4”得出错误乘积答案“14”，错误乘积答案“14”与被乘数“3”和乘数“4”均无正确联系，在本研究中我们称此类型错误为 Unr 型错误。

激活的节点竞争加工环路是通过抑制与兴奋过程的组合来完成的。而产生乘数相关错误是因为共享一个操作数的节点比其他节点获得更大的激活。对此错误效应进行分析可以为研究数字认知的记忆网络的发展提供一个窗口（Zhang et al.，2013；Campbell，Dowd，Frick，McCallum，Metcalfe，2011）。Niedeggen 等（1999）发现，N400 和晚期正成分（LPC）对算术操作的激活与语义相似性的程度成正比。也就是说，乘法相关错误效应实际上反映了算术问题之间的语义关联。

通过对不同数字语言符号表面形式对乘数相关错误效应的影响是否存在差异的检验，可以为数量表征的共同通路假说与特异通路假说之间的争论提供新的证据。Zhang、Si 和 Zhu（2013）选用 50 名中国大陆被试系统考察了不同数字语言符号表面形式条件下乘法运算中数字加工的乘数相关错误效应的差异。在 SOA = 800 ms 水平上，他们研究发现，听觉言语数字—阿拉伯数字形式下的乘数相关错误效应显著大于阿拉伯数字形式，听觉言语数字形式下的乘数相关错误效应显著大于阿拉伯数字—听觉言语数字形式；错误类型因素（Rel 型错误、Unr 型错误）在视觉阿拉伯数字形式水平上的处理效应不显著，但在听觉言语数字—阿拉伯数字形式水平上的处理效应显著；错误类型因素在听觉言语数字形式水平上的处理效应不显著，而在阿拉伯数字—听觉言语数字形式水平上的处理效应显著。结果表明，数字语言符号表面形式影响到数字认知的提取或生成的核心阶段，不同数字语言符号表面形式的问题刺激经编码后仍将保持特异性并将沿着不同的通路进行加工，该结果支持特异通路假说（即不同的数字语言符号表面形式以非单一抽象的方式进行表征）。

三　数字语言符号表面形式与数量表征

抽象数字的外在表现形式多样，同一数量拥有截然不同的数字表面形式（陈辉，2010），以数量“1”为例，汉语数字为“一”、蒙古语数字为“᠑”、维吾尔语数字为“بىر”、阿拉伯数字为“1”、英语数字为“one”等。然而，不同的数字语言符号表面形式对数字加工的影响机制不同（Zhang，Si，Zhu，2013）。绝大多数国家（民族）都拥有两套以上的数字语言文字符号系统（陈辉，2010；任林林，2014），其中一套是使用最广泛的阿拉伯数字，另一套则是基于本国（民族）语言文字的数字（比如，汉语数字、蒙古语数字、维吾尔语数字）。那么，人们对这些不同数字语言符号表面形式的数字是以一种统一的方式（单一抽象表征）还是有差异的特异性方式（具体表征）进行表征？该问题一直争论不断，形成了不同的理论模型，其中最具代表性的是抽象编码模型、三重编码模型和多元编码模型。抽象编码模型认为，数字加工过程存在单一的抽象表征（陈辉，2010）。数字加工由“理解系统”、“计算系统”和“生成系统”组成。其中，理解系统将各种不同的数字语言符号表面形式（比如，汉语数字、蒙古语数字、维吾尔语数字等）转化为统一的单一抽象表征。生成系统负责接收分别来自“理解系统”和“计算系统”的单一的抽象结果，并将这些结果进行转码后以形式多样的数字语言符号表面形式（比如，汉语数字、蒙古语数字、维吾尔语数字等）输出。其核心假设是：不同数字语言符号表面形式的数字信息输入必须在转化成单一抽象的表征之后才能进行下一步的数字加工运算。

一些研究发现支持了该模型的假设，然而，也有某些病例研究结果（比如，数字障碍被试存在的“数字符号”与“数字加工任务”二者相分离）该模型无法解释。为此，Dehaene（1992）提出了三重编码模型。该模型假设“视觉阿拉伯编码模块”、“听觉言语编码模块”和“模拟数量编码模块”共同构成了个体对数字的加工。不同模块负责不同形式的数字符号。其核心观点是：数字信息根本不需要以抽象的语义编码作为中介，可以由一种形式的编码直接转换为其他形式。举例来说，维吾尔语数字（تۆت）可以直接转化为阿拉伯数字（4），根本不需要经过数量“4”的语义表达阶段。因而，三重编码模型与抽象编码模型一样，也认为数字加工过程不受数字语言符号表面形式差异的影响。Campbell等提出的多元编码模型则认为，各种不同类型的编码系统（“视觉的”“听觉的”“词汇的”等编码）之间的相互作用导致了对数字的表征。

抽象编码模型与三重编码模型均认为数量表征不受数字语言符号表面形式的影响，也就是，数字以“统一的单一抽象”的方式进行表征；而多元编码模型则认为，数量表征受数字语言符号表面形式的影响，不同数字语言符号表面形式的数字对应不同的数量表征方式，数字以“非统一的单一抽象”的方式进行表征。上述两种不同观点均得到了大量实验证据的支持。“非统一的单一抽象”表征的研究逻辑是：如果数量表征受不同数字语言符号表面形式差异的影响，那么SNARC效应、乘数相关错误效应等与数字加工有关的效应在不同数字语言符号表面形式条件下将会有不一致的表现，也就是，数字语言符号表面形式与SNARC等相关效应之间将存在显著的交互作用。通过比较任务来考察

SNARC效应日益成为探讨数量表征的一种有效范式（陈辉，2010）。Hung等（2008）通过奇偶判断任务来考察不同数字语言符号表面形式的差异是否影响到SNARC效应。他们只有在阿拉伯数字形式上发现了SNARC效应，在简体和繁体汉语数字形式上均未发现SNARC效应。该结果表明，不同数字语言符号表面形式的数量表征是不同的，从而为“非统一的单一抽象”方式的表征提供了证据支持。当然，也有不少研究为“统一的单一抽象”方式的表征提供了证据支持。比如，一项选取脑损伤病人作为被试的研究发现，不同数字语言符号表面形式条件下的错误率比较类似、差异不显著，这表明数字语言符号表面形式影响不到数量表征（Sokol et al.，1991）。另一项同样选取脑损伤病人作为被试的研究也发现，被试在不同数字语言符号表面形式上（阿拉伯数字、英语数字、点数）都会犯类似的错误（Macaruso，McCloskey，Aliminosa，1993）。Blankenberger等（1997）则让被试执行加法和乘法运算任务，他们发现在运算过程中，数字语言符号表面形式（阿拉伯数字形式、英语数字形式、点数）影响不到对运算子的提取反应时。大量来自认知神经科学领域的证据也为“单一抽象”形式的数量表征提供了证据支持。有研究发现，顶内沟（IPs）是进行数量表征的主要大脑区域，数量表征不受数字语言符号表面形式的影响，以“统一的单一抽象”的方式进行（Dehaene et al.，1995）。该观点得到了众多脑成像研究的支持。比如，不少研究在不同的运算任务中均发现不同数字语言符号表面形式的数字刺激引起了类似的顶叶激活（Dehaene，Spelke，Pinel，Staneseu，Tsivkin，1999）。顶叶这种类似的激活表明：不同数字语言符号表面形式的数字具有相同的统一抽象的表征方式。统一的单一抽象方式的数量表征也得到了一些发展领域研究的支持。比如，有研究发现，对不同数字语言符号表面形式（阿拉伯数字、点数）的数字加工激活相同的大脑区域，额下回是 6 岁至 7 岁儿童进行数量表征的主要脑区（Cantlon et al.，2009）。统一的单一抽象方式的数量表征同样得到了事件相关电位（ERP）研究的支持。比如，Zhou 等（2009）研究发现，数字运算操作效应在不同数字语言符号表面形式（阿拉伯数字、汉语数字）上均具有类似的模式。通过前文所述不难看出，以不同数字语言符号表面形式呈现的数量到底是以“统一的单一抽象方式”还是“非统一的单一抽象方式”进行表征，学界至今没有定论。

四　语言和数量加工的关系

从更宽泛的视角探讨语言与数量的关系一直是数学认知领域学者关注的焦点与核心问题之一（Kadosh，Dowker eds.，2015）。人类的数量能力究竟是与语言关系密切（Chomsky，2006；Núñez，2017），还是独立于语言的专门能力（Nieder，2017；Amalric，Dehaene，2016；李红霞、司继伟、陈泽建、张堂正，2015；杨伟星、张明亮、李红霞、杨雅琳、司继伟，2017），目前对此远未形成一致观点（王珽、邓园，2014）。这可能是因为研究者对二者关系不同的考察角度导致的。从数量表征系统的划分来看，语言不影响近似数量系统和小数加工系统，但影响大数的精确数量系统（王珽、邓园，2014）。从语言成分的划分来看，语音成分与数量加工（Moeller，Klein，Fischer，Nuerk，Willmes，2011；Raghubar，Barnes，Hecht，2010）可能占用共同的认知资源；语义与数量加工关系密切，语义一致效应说明语义关系可能会影响数量加工（Bassok，Pedigo，Oskarsson，2008；Rapp，Bassok，DeWolf，Holyoak，2015），且存在跨文化性（Lee，Dewolf，Bassok，Holyoak，2016；陈栩茜、何本炫、张积家，2012），此二者发生联系的基础可能是存在重合的大脑区域（Simon，Mangin，Cohen，Bihan，Dehaene，2002）；语法与数量加工方面，语法复杂度对数学算术解决的影响（Fedorenko，Gibson，Rohde，2007；Evans，Caplan，Waters，2011）以及简单数学算术结构对语言句子的结构启动效应（Scheepers，Sturt，2014；Scheepers et al.，2011；张恩涛、方杰、林文毅、罗俊龙，2013）也表明语言和数学表达式在结构加工层面可能存在共享的工作记忆资源和认知神经机制（Evans et al.，2011；Fedorenko，Nieto-Castañón，Kanwisher，2012；王乃弋，2008；Núñez-Peña & Honrubia-Serrano，2004）。而从人类一般性认知能力的角度，递归能力（Hauser，Chomsky，Fitch，2002；Houdé，Tzourio-Mazoyer，2003）和类比推理（Bassok et al.，2008；Holyoak，Morrison，et al.，2012；陈栩茜等，2012）可能是人类语言能力和数学能力相互影响的重要基础。

我们还对数学认知与语言认知二者间相互影响的作用机制进行了初步探讨。从具身认知的视角出发，通过将两类符号（具体空间词汇、抽象权力词汇，数字）加工时激活的垂直空间信息为中介，以阐释语言和数量加工的内在联系和作用机制。

第四节　本研究思路

我们设计了两个实验（研究一和研究二）来探讨数字语言符

号表面形式的认知加工机制。具体来说，选择两种不同的感觉通道（视觉数字形式、听觉数字形式）、三个民族（汉族、蒙古族、维吾尔族）、四种不同的数字语言符号（汉语数字、蒙古语数字、维吾尔语数字、阿拉伯数字），从数字加工的“浅”和“深”两个层面进行系统研究。

首先采用简单数字加工中的经典SNARC效应，系统考察“数字语言符号表面形式自身”、“数字语言符号表面形式自身所处的周围语境”、“感觉通道”和“数字语言符号表面形式自身及其所蕴含的阅读/书写顺序经验”是否会影响浅层次的简单数字加工；其次采用复杂数字加工中的乘数相关错误效应，系统考察上述四因素是否影响到深层次的数字加工，从而为数字语言符号表面形式的认知加工机制提供新的证据支持（不同的数字语言符号表面形式到底是以单一抽象的编码方式进行表征还是以非单一抽象的编码方式进行表征）。

第三章　不同数字语言符号表面形式对简单的浅层次数字加工的影响机制研究

第一节　不同数字语言符号表面形式是否影响到简单的浅层次数字加工?

在视觉呈现条件下，汉语数字的阅读/书写顺序是右行向下（先从左向右写成行，行与行之间由上及下），蒙古语数字是下行向右（自上而下从左到右竖着写），维吾尔语数字则是左行向下（从右往左自上而下书写），三个民族（语言文字）中的阿拉伯数字存在差异（汉族和维吾尔族被试的阿拉伯数字均为在水平方向上右行，但阿拉伯数字所处周围语境在两民族中存在差异，汉族被试中周围语境为右行，维吾尔族被试中周围语境则为左行；蒙古族被试的阿拉伯数字则为在垂直方向上下行）（见图 2）。已有研究选取汉族被试在阿拉伯数字形式中发现了自左至右水平方向上的 SNARC 效应，而在同样是自左至右水平方向的汉语数字词中则没有发现此效应（Hung et al.，2008），对蒙古语数字和维吾尔语数字的研究至今未见相关报道。本书将本部分研究中的阿拉伯数字形式作为控制条件，与其他民族语言数字条件下出现的SNARC效应进行对比，从而探讨不同数字语言符号表面形式是否影响到浅层次的简单数字加工。

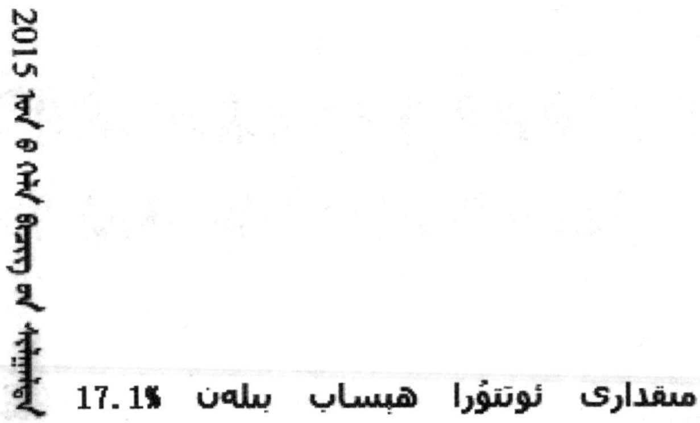

图2 阿拉伯数字在蒙古文和维吾尔文中的呈现方式

（左侧为蒙古文，右侧为维吾尔文）

为了比较视听感觉通道间的差异，考察视觉阅读/书写顺序经验是否跨通道影响到听觉，我们考察了听觉通道中的SNARC效应。

第二节 不同数字语言符号表面形式对浅层次简单数字加工影响机制的研究假设

已有研究者对加大拿人（从左到右阅读/书写英语和英语数字词）、以色列人（从右到左阅读/书写希伯来语，但从左到右阅读/书写阿拉伯数字）和巴勒斯坦人（从右到左阅读/书写阿拉伯文字和阿拉伯数字）的研究结果发现，在水平方向上，加拿大人的 SNARC 效应比较正常，以色列人的 SNARC 效应变小或消失，而巴勒斯坦人则出现了反转的 SNARC 效应（Zebian，2005）。

基于上述发现，我们推测，由于汉族被试的汉语数字与阿拉伯数字具有相同的阅读/书写顺序，因此可能会出现经典的 SNARC 效应；维吾尔族被试的维吾尔语数字与阿拉伯数字的阅读/书写顺序截然不同（在水平方向上，维吾尔语数字左行、阿拉伯数字右行），则可能不出现 SNARC 效应或效应变小；蒙古族被试的蒙古语数字与阿拉伯数字的阅读/书写顺序相同（在垂直方向上下行），则可能出现垂直方向上的 SNARC 效应。具体来说，视觉通道条件下，四种数字语言符号表面形式（汉语数字、蒙古语数字、维吾尔语数字、阿拉伯数字）中的 SNARC 效应不同；视听通道中出现的 SNARC 效应不同。

第三节　不同数字语言符号表面形式对浅层次简单数字加工影响机制的研究方法

一　被试

在山东、内蒙古和新疆三个省（自治区）采用方便取样的方法，共选取 224 名被试参与实验，为保证被试的同质性，汉族被试为汉语言文学专业大学生，蒙古族被试为中国少数民族语言文学小学蒙古语文教育专业大学生，维吾尔族被试为维吾尔族聚居地喀什大学维吾尔语言专业大学生，蒙古族和维吾尔族被试均为民考民学生（少数民族考生在高考时使用本民族语言文字的试卷），蒙古族和维吾尔族被试均习惯以民族语言/文字进行日常语言交流和文字书写。最终完成研究一的被试：汉族被试 66 名（男 30 名，平均年龄：18.23 ±2.51 岁）、蒙古族被试 81 名（男 40 名，平均年龄：22.21 ±5.14 岁）和维吾尔族被试 77 名（男 35 名，平均年龄：20.34 ±2.13 岁）。所有被试均听力正常，视力或矫正视力正常，右利手，未参加过类似心理学实验。所有被试实验前均签写知情同意书（见附录 1），实验后获得 200 元至 300 元不等的报酬。

二　实验设计

4（数字语言符号表面形式：汉语数字、蒙古语数字、维吾尔语数字和阿拉伯数字）×2（刺激呈现感觉通道：视觉和听觉）两因素混合设计。因变量为反应的正确率（ACC：被试判断正确题数占总题数的百分比）和反应时（RT：被试判断的平均时间，剔除了错误反应试次的反应时间以及极端反应时的时间）。

三　实验材料

（一）算术技能问卷

采用 French 等人编制的经典的《算术技能问卷》来测量被试的算术技能水平（French，Ekstrom，Price，1963）（见附录 2）。用来测量在多位数问题上快速且准确地执行问题的能力，即算术流畅性和工作记忆管理（如进位或错位；Imbo，Vandierendonck，Rosseel，2007）。该测验共包括四个部分，前两部分是复杂加法题，后两部分是复杂减法题和乘法题。每部分包含 60 道题目，限定 2 分钟时间，要求被试在 2 分钟内又快又准、尽可能多地完成题目。总分为所有四个部分做对题目数量之和，得分越高表明被试的算术技能水平越高。

（二）实验任务材料

视觉材料均为白底黑字，字体均为宋体 42 号，视觉刺激为汉语数字/蒙古语数字/维吾尔语数字/阿拉伯数字 1—9（不包括 5），注视点为红色“+”，大小与数字相同，注视点与数字均呈现在屏幕中央；听觉刺激为女声普通话或蒙古语或维吾尔语读出的数字 1—9（不包括 5），刺激的音频格式为 WAV（采样速率 22.50kH、比特率 384kbps、音频采样大小 16 位）。视觉和听觉数字材料中均不连续出现相同的数字。实验在专业的心理学实验室内进行（其中汉族被试在发展与教育心理实验室，蒙古族被试在蒙古语文信息处理实验室，维吾尔族被试在维吾尔语信息处理实验室）。实验仪器为通用的笔记本电脑（14 英寸、屏幕分辨率 1280×800 像素、刷新频率 60Hz）。

四　实验程序

根据 Dehaene、Dupoux 和 Mehler（1990）和赵琪等（2017）的数字判断任务，要求被试对看到或听到的数字与数字 5 进行大小比较并通过按键进行反应，看到或听到的数字在 1—9（不包括 5）。实验分为视觉任务部分和听觉任务部分，要求被试对看到或听到的数字进行按键反应。由于汉族被试汉语数字的发音与阿拉伯数字的发音相同，在听觉汉语数字任务中要求被试在内心中将听到的数字想象成汉语数字，而在听觉阿拉伯数字任务中要求被试在内心中将听到的数字想象成阿拉伯数字，并在实验结束之后由主试向被试询问“刚才在实验中是否将听到的数字想象成了汉语数字或阿拉伯数字”，如果被试在实验中没有将听到的数字想象成汉语数字或阿拉伯数字将作为无效被试被剔除。实验开始后，首先呈现注视点“+”（500ms），以提示被试注意电脑屏幕中央，随之呈现实验刺激（某个数字），要求被试又快又准地进行大小判断并反应[①]，按键后消失或最长时间 2s 后消失，随后为空屏（1000ms），然后进入下一个试次（实验流程图见图 3）。为平衡左右手反应，每个被试一半试次是大数（即大于 5 的数字）左手反应、小数（即小于 5 的数字）右手反应，另一半试次与之相反；同样的，在被试间平衡视、听部分的任务顺序。即 block 1 为视觉条件下左手对小数反应和右手对大数反应，block 2 为视觉条件下右手对小数反应和左手对大数反应，block 3 为听觉条件下左手对小数反应和右手对大数反应，block 4 为听觉条件下右手对小数反应和左手对大数反应。每个 block 中的数字分别随机呈现 4 次，即每个 block 包含 32 个试次，本部分实验包含 4 个 block，共 128 个试次，完成整个实验约需 20 分钟。被试根据自己的状态，在各个 block 之间自行决定休息时间的长短。正式实验开始前有练习试次，即一个主试对应一个被试，为被试讲解注意事项并指导被试进行练习，主试根据被试练习的正确率决定是否练习结束开始正式实验。三个民族的实验均由同一批主试负责。本研究汉

① 要求被试又快又准确地判断出现的实验刺激（不同数字语言符号表面形式的某个数字，如 1、一、༣、بىر）到底是大于 5 还是小于 5，然后做出相应的按键反应。

族被试、蒙古族被试分别经过山东师范大学心理学院伦理委员会、内蒙古呼和浩特民族学院蒙古语言文学系伦理委员会的审核并获得批准，维吾尔族被试经过新疆喀什大学教育科学学院伦理委员会的审核同意并报学校党委批准。

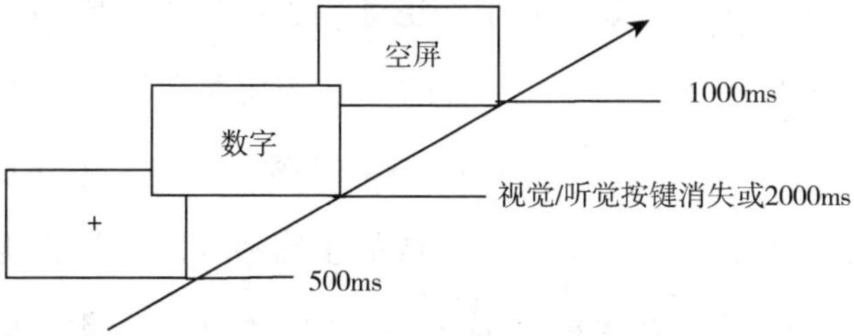

图3　不同数字语言符号表面形式对简单浅层次数字加工影响机制的实验流程

第四节　不同数字语言符号表面形式对浅层次简单数字加工影响机制的研究结果

通过两种方式进行结果呈现：一种是传统的分析方法，以5为界将数字分为较小数字（1、2、3、4）和较大数字（6、7、8、9）两种类型；另一种则是将每一个数字一一进行分析。

一　较小数字和较大数字两种类型

（一）汉族被试

1. 在视觉阿拉伯数字形式上，左右反应位置与数字大小进行2×2的重复测量方差分析（剔除未完整完成实验的4名被试，共保留有效被试 62 人；剔除错误反应的试次以及超过 3 个标准差之外的数据，剔除率 3.4%）。不存在反应时与错误率的代偿（正确率与反应时相关不显著，$r=0.01$，$p>0.05$）。结果显示如下。

在正确率上，反应位置的主效应不显著，$F(1, 61)=0.67$，$p=0.42$，$\eta_p^2=0.01$；数字大小的主效应也不显著，$F(1, 61)=0.09$，$p=0.77$，$\eta_p^2=0.00$；二者的交互作用显著，$F(1, 61)=7.17$，$p=0.01$，$\eta_p^2=0.15$，表明 SNARC 效应显著。进一步的简单效应分析显示，左手反应时，小数的正确率与大数的正确率（小 0.98 vs. 大 0.97）差异边缘显著，$F(1, 61)=3.31$，$p=0.07$，$\eta_p^2=0.05$。右手反应时，大数字的正确率显著高于小数字（大 0.98 vs. 小 0.96），$F(1, 61)=4.35$，$p=0.04$，$\eta_p^2=0.07$。如图 4 所示。

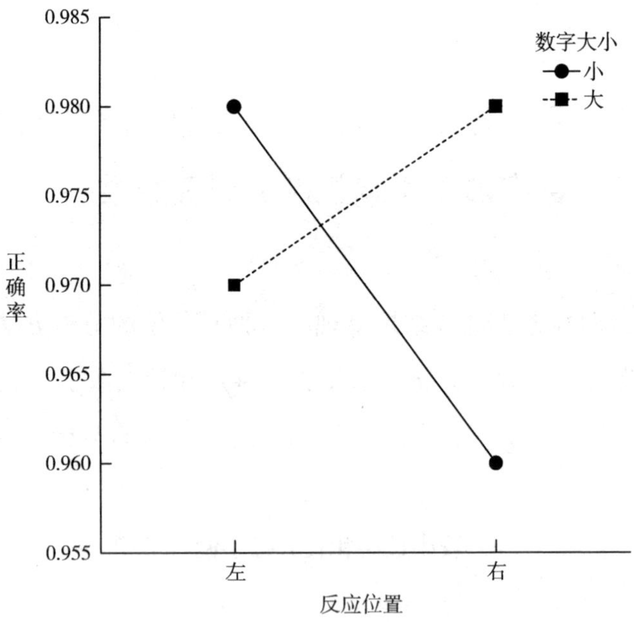

图 4　汉族被试视觉阿拉伯数字形式左右反应位置与数字大小在正确率上的差异

在反应时上，反应位置的主效应不显著，$F(1, 61) = 1.10$，$p = 0.30$，$\eta_p^2 = 0.02$；数字大小的主效应显著（小 528.47ms vs. 大 512.48ms），$F(1, 61) = 16.23$，$p < 0.001$，$\eta_p^2 = 0.21$；二者的交互作用显著，$F(1, 61) = 12.54$，$p < 0.001$，$\eta_p^2 = 0.17$，表明 SNARC 效应显著。进一步简单效应分析显示，左手反应的时候，小数与大数反应时之间的差异不显著（小 518.13ms vs. 大 527.91ms），$F(1, 61) = 1.61$，$p = 0.21$，$\eta_p^2 = 0.03$。右手反应的时候，大数字的反应时显著短于小数字的反应时（大 497.05ms vs. 小 538.80ms），$F(1, 61) = 22.31$，$p < 0.001$，$\eta_p^2 = 0.27$。如图 5 所示。

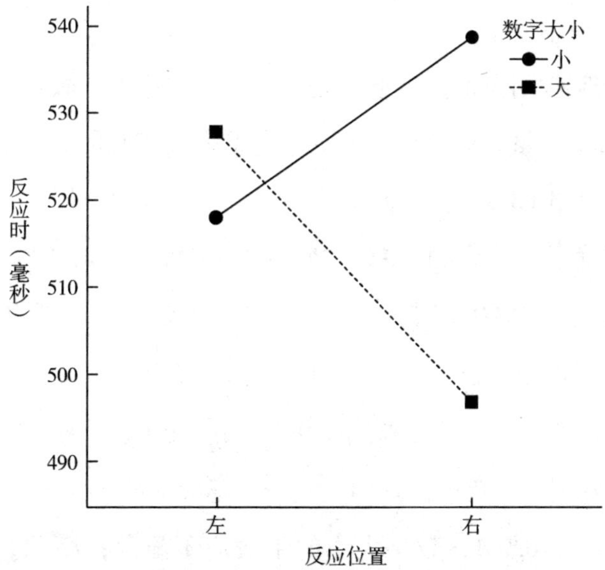

图 5　汉族被试视觉阿拉伯数字形式左右反应位置与数字大小在反应时上的差异

2. 在视觉汉语数字形式上，左右反应位置与数字大小进行 2×2 的重复测量方差分析（剔除未完整完成实验的 4 名被试，共保留有效被试 62 人）。结果显示如下。

在正确率上，反应位置的主效应不显著，$F(1, 61) = 0.40$，$p = 0.53$，$\eta_p^2 = 0.01$；数字大小的主效应显著（小 0.95 vs. 大 0.98），$F(1, 61) = 20.84$，$p < 0.001$，$\eta_p^2 = 0.26$；二者的交互作用亦不显著，$F(1, 61) = 0.92$，$p = 0.34$，$\eta_p^2 = 0.02$，表明 SNARC 效应不显著。

在反应时上，反应位置的主效应不显著，$F(1, 61) = 3.01$，$p = 0.09$，$\eta_p^2 = 0.05$；数字大小的主效应显著（小 527.32ms vs. 大 507.08ms），$F(1, 61) = 25.22$，$p < 0.001$，$\eta_p^2 = 0.30$；二者的交互作用不显著，$F(1, 61) = 2.98$，$p = 0.09$，$\eta_p^2 = 0.05$，表明 SNARC 效应不显著。

3. 在听觉阿拉伯数字形式上，左右反应位置与数字大小进行 2×2 的重复测量方差分析（剔除未完整完成实验的 3 名被试，共保留有效被试 63 人）。结果显示如下。

在正确率上，反应位置的主效应不显著，$F(1, 62) = 0.01$，$p = 0.92$，$\eta_p^2 = 0.001$；数字大小的主效应显著（小 0.94 vs. 大 0.95），$F(1, 62) = 5.45$，$p < 0.05$，$\eta_p^2 = 0.08$；二者的交互作用不显著，$F(1, 62) = 2.67$，$p = 0.11$，$\eta_p^2 = 0.04$。

在反应时上，反应位置的主效应不显著，$F(1, 62) = 0.06$，$p = 0.81$，$\eta_p^2 = 0.001$；数字大小的主效应不显著，$F(1, 62) = 2.48$，$p = 0.12$，$\eta_p^2 = 0.04$；二者的交互作用亦不显著，$F(1, 62) = 1.26$，$p = 0.27$，$\eta_p^2 = 0.02$。

4. 在听觉汉语数字形式上，左右反应位置与数字大小进行 2×2 的重复测量方差分析（剔除未完整完成实验的 2 名被试，共保留有效被试 64 人）。结果显示如下。

在正确率上，反应位置的主效应不显著，F（1，63）= 1.23，$p = 0.27$，$\eta_p^2 = 0.02$；数字大小的主效应不显著，F（1，63）= 3.24，$p = 0.07$，$\eta_p^2 = 0.05$；二者的交互作用也不显著，F（1，63）= 0.17，$p = 0.68$，$\eta_p^2 = 0.003$。

在反应时上，反应位置的主效应不显著，F（1，63）= 0.33，$p = 0.57$，$\eta_p^2 = 0.01$；数字大小的主效应不显著，F（1，63）= 0.80，$p = 0.38$，$\eta_p^2 = 0.01$；二者的交互作用也不显著，F（1，63）= 2.39，$p = 0.13$，$\eta_p^2 = 0.04$。

（二）蒙古族被试

1. 在视觉阿拉伯数字形式上，反应位置与数字大小进行 2×2 的重复测量方差分析（剔除未完整完成实验的 2 名被试，共保留有效被试 79 人）。结果显示如下。

在正确率上，反应位置的主效应不显著，F（1，78）= 0.05，$p = 0.82$，$\eta_p^2 = 0.001$；数字大小的主效应不显著，F（1，78）= 0.39，$p = 0.54$，$\eta_p^2 = 0.01$；二者的交互作用亦不显著，F（1，78）= 0.004，$p = 0.95$，$\eta_p^2 = 0.001$。

在反应时上，反应位置的主效应不显著，F（1，78）= 1.78，$p = 0.19$，$\eta_p^2 = 0.02$；数字大小的主效应显著（小 579.20ms vs. 大 560.97ms），F（1，78）= 16.03，$p < 0.001$，$\eta_p^2 = 0.17$；二者的交互作用亦不显著，F（1，78）= 0.03，$p = 0.87$，$\eta_p^2 = 0.001$。

2. 在视觉蒙古语数字形式上，上下反应位置与数字大小进行 2×2 的重复测量方差分析（剔除未完整完成实验的 2 名被试，共保留有效被试 79 人）。结果显示如下。

在正确率上，上下位置的主效应显著（上 0.96 vs. 下 0.95），

F（1，78）=5.43，$p=0.02$，$\eta_p^2=0.07$；数字大小的主效应显著（小0.97 vs. 大0.94），F（1，78）=45.91，$p<0.001$，$\eta_p^2=0.37$；二者的交互作用亦显著，F（1，78）=7.56，$p<0.01$，$\eta_p^2=0.09$，表明SNARC效应显著。简单效应分析显示，在上空间上，小数的正确率与大数的正确率（小0.98 vs. 大0.94）差异显著，小数的正确率显著高于大数，F（1，78）=56.11，$p<0.001$，$\eta_p^2=0.42$。在下空间上，小数的正确率与大数的正确率（小0.96 vs. 大0.95）差异边缘显著，F（1，78）=2.98，$p=0.09$，$\eta_p^2=0.04$。如图6所示。

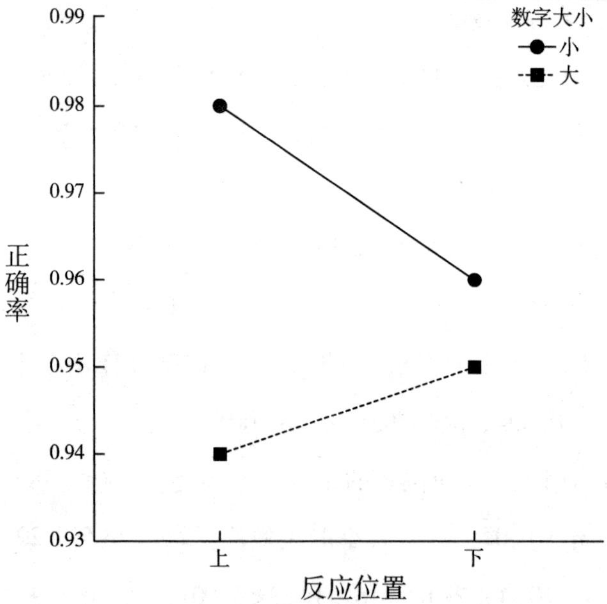

图6 蒙古族被试视觉蒙古语数字形式上下反应位置与数字大小在正确率上的差异

在反应时上，反应位置的主效应不显著，F（1，78）=0.001，$p=0.98$，$\eta_p^2=0.001$；数字大小的主效应显著（小635.67ms vs.

大 658.95ms)，$F(1, 78) = 16.84$，$p < 0.001$，$\eta_p^2 = 0.18$；二者的交互作用显著，$F(1, 78) = 9.09$，$p < 0.01$，$\eta_p^2 = 0.10$，表明 SNARC 效应显著。进一步的简单效应分析显示，在上空间上，小数的反应时显著短于大数的反应时（小 621.56ms vs. 大 673.19ms），$F(1, 78) = 29.18$，$p < 0.001$，$\eta_p^2 = 0.27$。在下空间上，小数的反应时与大数的反应时（小 649.77ms vs. 大 644.70ms）差异未达显著水平，$F(1, 78) = 0.17$，$p = 0.68$，$\eta_p^2 = 0.002$。如图 7 所示。

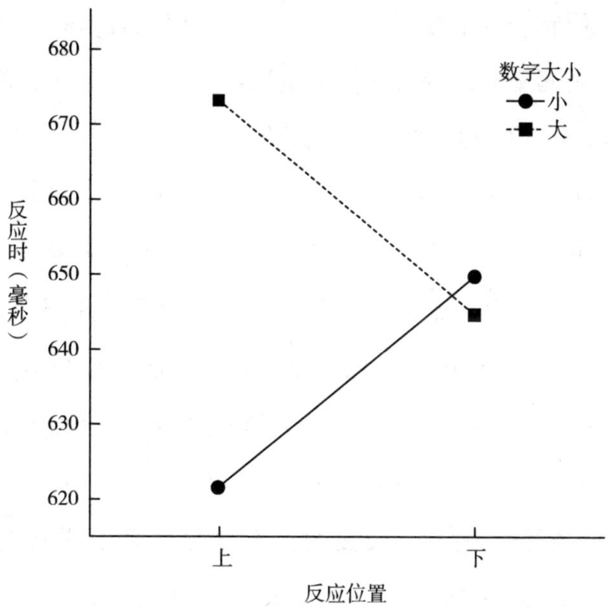

图 7　蒙古族被试视觉蒙古语数字形式上下反应位置与数字大小在反应时上的差异

3. 在听觉阿拉伯数字形式上，左右反应位置与数字大小进行 2×2 的重复测量方差分析（剔除未完整完成实验的 2 名被试，共保留有效被试 79 人）。结果显示如下。

在正确率上，反应位置的主效应不显著，$F(1, 78) = 0.43$，$p = 0.51$，$\eta_p^2 = 0.01$；数字大小的主效应不显著，$F(1, 78) = 0.69$，$p = 0.41$，$\eta_p^2 = 0.01$；二者的交互作用也不显著，$F(1, 78) = 3.49$，$p = 0.07$，$\eta_p^2 = 0.04$。

在反应时上，反应位置的主效应不显著，$F(1, 78) = 0.99$，$p = 0.32$，$\eta_p^2 = 0.01$；数字大小的主效应不显著，$F(1, 78) = 0.53$，$p = 0.47$，$\eta_p^2 = 0.01$；二者的交互作用也不显著，$F(1, 78) = 0.01$，$p = 0.91$，$\eta_p^2 = 0.001$。

4. 在听觉蒙古语数字形式上，上下反应位置与数字大小进行 2×2 的重复测量方差分析（剔除未完整完成实验的 4 名被试，共保留有效被试 77 人）。结果显示如下。

在正确率上，反应位置的主效应不显著，$F(1, 76) = 0.44$，$p = 0.51$，$\eta_p^2 = 0.01$；数字大小的主效应不显著，$F(1, 76) = 1.11$，$p = 0.30$，$\eta_p^2 = 0.01$；二者的交互作用显著，$F(1, 76) = 20.54$，$p < 0.001$，$\eta_p^2 = 0.21$，表明 SNARC 效应显著。简单效应分析显示，在上空间上，小数的正确率显著高于大数的正确率（小 0.98 vs. 大 0.94），$F(1, 76) = 17.33$，$p < 0.001$，$\eta_p^2 = 0.19$。在下空间上，大数的正确率显著高于小数的正确率（大 0.98 vs. 小 0.95），$F(1, 76) = 10.25$，$p < 0.01$，$\eta_p^2 = 0.12$。如图 8 所示。

在反应时上，反应位置的主效应不显著，$F(1, 76) = 1.83$，$p = 0.18$，$\eta_p^2 = 0.02$；数字大小的主效应显著，$F(1, 76) = 86.21$，$p < 0.001$，$\eta_p^2 = 0.53$，小数的反应时显著短于大数的反应时（小 715.68ms vs. 大 775.69ms）；二者的交互作用显著，$F(1, 76) = 132.34$，$p < 0.001$，$\eta_p^2 = 0.64$，表明 SNARC 效应显

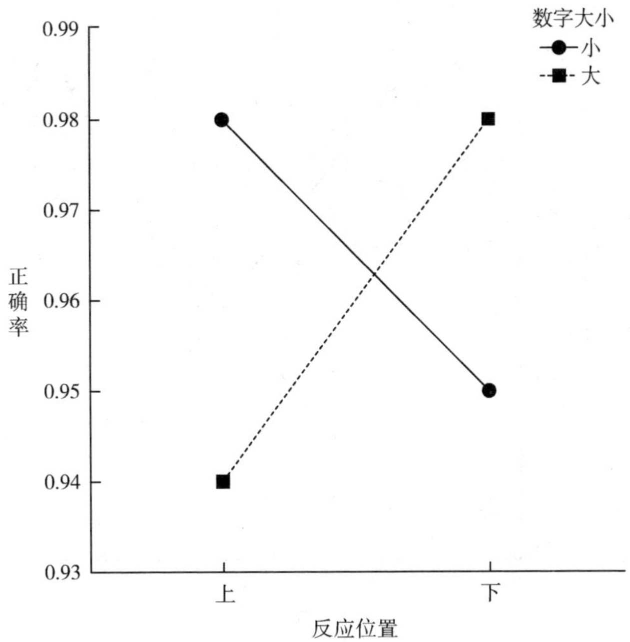

图 8　蒙古族被试听觉蒙古语数字形式上下反应位置与数字大小在正确率上的差异

著。简单效应分析显示，在上空间上，小数的反应时显著短于大数的反应时（小 623.48ms vs. 大 877.18ms），F（1，76）= 150.86，$p<0.001$，$\eta_p^2=0.67$。在下空间上，大数的反应时显著短于小数（大 674.20ms vs. 小 807.88ms），F（1，76）=79.84，$p<0.001$，$\eta_p^2=0.51$。如图 9 所示。

（三）维吾尔族被试

1. 在视觉阿拉伯数字形式上，对左右反应位置与数字大小进行 2×2 的重复测量方差分析（剔除未完整完成实验的 4 名被试，共保留有效被试 73 人）。结果显示如下。

在正确率上，反应位置的主效应不显著，F（1，72）=2.69，

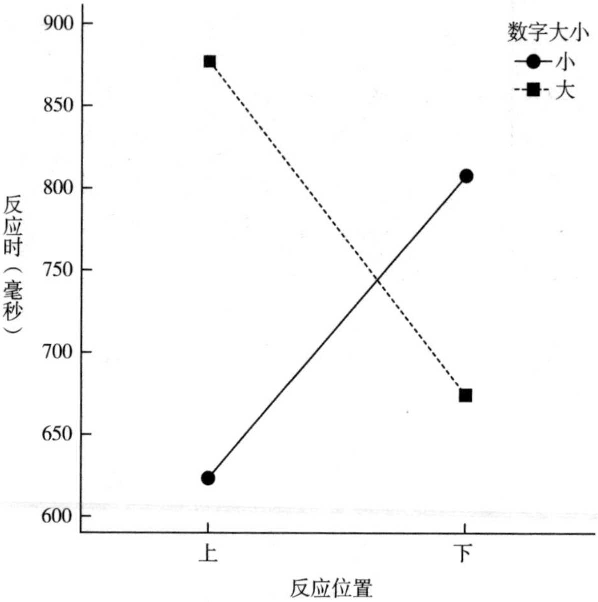

图9　蒙古族被试听觉蒙古语数字形式上下反应位置与数字大小在反应时上的差异

$p=0.11$，$\eta_p^2=0.04$；数字大小的主效应不显著，$F(1, 72)=1.97$，$p=0.17$，$\eta_p^2=0.03$；二者的交互作用也不显著，$F(1, 72)=0.02$，$p=0.89$，$\eta_p^2=0.001$。

在反应时上，反应位置的主效应显著，$F(1, 72)=5.47$，$p<0.05$，$\eta_p^2=0.07$，左手的反应时显著长于右手的反应时（左569.83ms vs. 右559.30ms）；数字大小的主效应显著，$F(1, 72)=8.22$，$p<0.01$，$\eta_p^2=0.10$，小数的反应时显著长于大数的反应时（小570.96ms vs. 大558.17ms）；二者的交互作用不显著，$F(1, 72)=0.40$，$p=0.53$，$\eta_p^2=0.01$。

2. 在视觉维吾尔语数字形式上，左右反应位置与数字大小进行2×2的重复测量方差分析（剔除未完整完成实验的3名被试，共保留有效被试 74 人）。结果显示如下。

在正确率上，反应位置的主效应不显著，$F(1, 73) = 0.65$，$p = 0.42$，$\eta_p^2 = 0.01$；数字大小的主效应显著，$F(1, 73) = 6.68$，$p = 0.01$，$\eta_p^2 = 0.08$，小数的正确率显著低于大数的正确率（小 0.94 vs. 大 0.96）；二者的交互作用不显著，$F(1, 73) = 2.13$，$p = 0.15$，$\eta_p^2 = 0.03$。

在反应时上，反应位置的主效应不显著，$F(1, 73) = 0.06$，$p = 0.81$，$\eta_p^2 = 0.001$；数字大小的主效应显著，$F(1, 73) = 9.88$，$p < 0.01$，$\eta_p^2 = 0.12$，小数的反应时显著长于大数（小 654.35ms vs. 大 634.45ms）；二者的交互作用不显著，$F(1, 73) = 0.59$，$p = 0.44$，$\eta_p^2 = 0.01$。

3. 在听觉阿拉伯数字形式上，左右反应位置与数字大小进行 2×2 的重复测量方差分析（剔除未完整完成实验的 5 名被试，共保留有效被试 72 人）。结果显示如下。

在正确率上，反应位置的主效应不显著，$F(1, 71) = 2.48$，$p = 0.12$，$\eta_p^2 = 0.03$；数字大小的主效应显著，$F(1, 71) = 8.64$，$p < 0.01$，$\eta_p^2 = 0.12$，小数的正确率显著低于大数字的正确率（小 0.97 vs. 大 0.98）；二者的交互作用不显著，$F(1, 71) = 0.36$，$p = 0.55$，$\eta_p^2 = 0.01$。

在反应时上，反应位置的主效应显著，$F(1, 71) = 15.58$，$p < 0.001$，$\eta_p^2 = 0.18$，左手的反应时显著长于右手的反应时（左 816.87ms vs. 右 793.29ms）；数字大小的主效应不显著，$F(1, 71) = 0.33$，$p = 0.57$，$\eta_p^2 = 0.01$；二者的交互作用不显著，$F(1, 71) = 0.30$，$p = 0.59$，$\eta_p^2 = 0.004$。

4. 在听觉维吾尔语数字形式上，左右反应位置与数字大小进

行 2×2 的重复测量方差分析（剔除未完整完成实验的 4 名被试，共保留有效被试 73 人）。结果显示如下。

在正确率上，反应位置的主效应不显著，$F(1, 72) = 0.66$，$p = 0.42$，$\eta_p^2 = 0.01$；数字大小的主效应显著，$F(1, 72) = 65.37$，$p < 0.001$，$\eta_p^2 = 0.48$，小数的正确率显著小于大数的正确率（小 0.88 vs. 大 0.98）；二者的交互作用不显著，$F(1, 72) = 0.83$，$p = 0.37$，$\eta_p^2 = 0.01$。

在反应时上，反应位置的主效应显著，$F(1, 72) = 4.63$，$p < 0.05$，$\eta_p^2 = 0.06$，左手的反应时显著长于右手的反应时（左 832.99ms vs. 右 817.99ms）；数字大小的主效应显著，$F(1, 72) = 36.63$，$p < 0.001$，$\eta_p^2 = 0.34$，小数的反应时显著短于大数的反应时（小 800.94ms vs. 大 850.05ms）；二者的交互作用不显著，$F(1, 72) = 0.64$，$p = 0.43$，$\eta_p^2 = 0.01$。

二 将每一个数字进行分析

为了更细致地分析具体哪个数字存在 SNARC 效应，我们参照赵琪等（2017）的分析方法对所有的 8 个数字进行了分析。首先，在不同民族、视觉听觉不同感觉通道、不同数字表面形式条件下，分别进行 8（数字 1—9，不含 5）$\times 2$（左手、右手）的重复测量方差分析，以检验该处理条件下是否存在 SNARC 效应；其次，在不同处理条件下，以数字为自变量，以双手反应时之差（右手减左手）为因变量，进行线性回归分析以计算 SNARC 效应大小；最后，对不同处理条件下的 SNARC 效应进行比较，进而考察是否存在差异。

（一）汉族被试

1. 在视觉阿拉伯数字形式上，剔除未完整完成实验的 4 名被试，共保留有效被试 62 人，剔除错误反应试次及 3 个标准差之外的数据，总数据剔除率 3.4%。不存在反应时与错误率的代偿（正确率与反应时相关不显著，$r=0.01$，$p>0.05$）。见图 10。

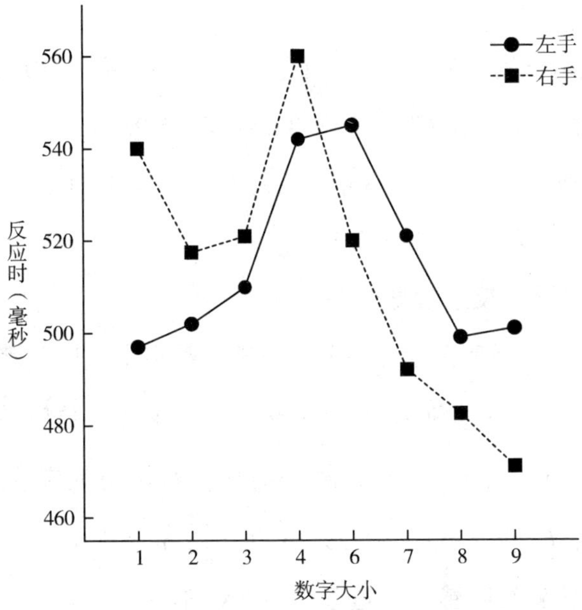

图 10　汉族被试视觉阿拉伯数字形式左右手在不同数字上的反应时

进行 8×2 的重复测量方差分析发现，数字主效应显著，$F(7, 55)=15.14$，$p<0.001$，$\eta_p^2=0.67$；反应手的主效应不显著，$F(1, 61)=1.90$，$p=0.67$，$\eta_p^2=0.003$。

数字与反应手的交互效应显著，$F(7, 55)=2.97$，$p=0.01$，$\eta_p^2=0.28$。进一步的简单效应分析发现，被试对较小数字

（2、3、4）进行反应时，左右手的反应时没有显著差异（$ps > 0.05$），但对较小数字 1 进行反应时，符合以往研究结果［即左手显著快于右手（$p < 0.001$）］，对大数字（7、9）进行反应时，符合以往研究结果［即右手显著快于左手（$p < 0.05$）］，对较大数字 6 进行反应的时候，左右手的反应时差异边缘显著（$p = 0.05$），对较大数字 8 进行反应时，左右手的反应时差异不显著（$p > 0.05$）。

2. 在听觉阿拉伯数字形式上，剔除未完整完成实验的 3 名被试，共保留有效被试 63 人；剔除错误反应试次及 3 个标准差之外的数据，剔除率 2.9%。不存在反应时与错误率的代偿（正确率与反应时相关不显著，$r = 0.14$，$p > 0.05$）。所有 63 名被试在不同条件下的平均反应时见图 11。

进行 8×2 重复测量方差分析发现，数字主效应显著，$F(7, 56) = 15.14$，$p < 0.001$，$\eta_p^2 = 0.80$；反应手的主效应不显著，$F(1, 62) = 1.90$，$p = 0.78$，$\eta_p^2 = 0.001$。数字与反应手的交互作用不显著，$F(7, 56) = 0.78$，$p = 0.61$，$\eta_p^2 = 0.09$。

3. 为比较视听感觉通道条件下 SNARC 效应的差异，以数字为自变量，双手反应时之差（右减左）为因变量，进行线性回归分析。

对于视觉通道，SNARC 效应显著，$B = -8.60$，$SE = 1.49$，$p < 0.001$。听觉通道 SNARC 效应不显著，$B = -2.627$，$SE = 2.19$，$p = 0.23$。视觉感觉通道下出现了显著的 SNARC 效应，听觉感觉通道下却并未发现此效应。

两回归系数差异显著（$t = -2.24$，$p = 0.025$），表明视觉与听觉感觉通道的 SNARC 效应大小差异显著，视觉通道存在 SNARC

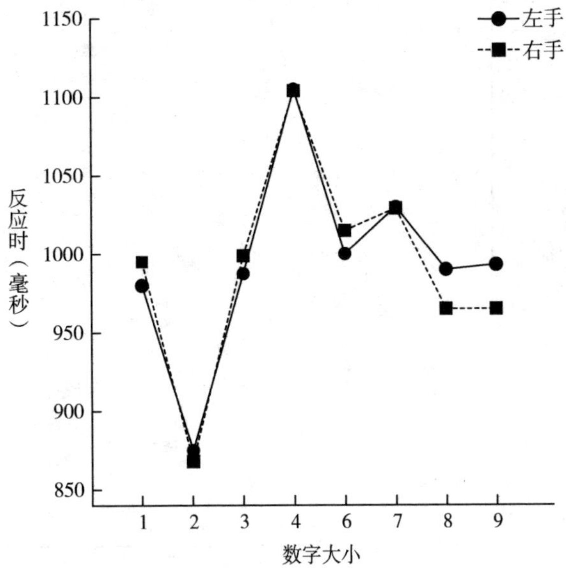

图 11　汉族被试听觉阿拉伯数字形式左右手在不同数字上的反应时

效应，听觉通道却不存在此效应。这个结果和方差分析的结果是基本一致的。

另外，在视觉汉语数字与听觉汉语数字形式上，均未发现显著的 SNARC 效应，$p > 0.05$。

（二）蒙古族被试

1. 在视觉与听觉阿拉伯数字形式上，均未发现 SNARC 效应，$p > 0.05$。

2. 在视觉蒙古语数字形式上，剔除未完整完成实验的 2 名被试，共保留有效被试 79 人；剔除错误反应试次及 3 个标准差之外的数据，剔除率 1.1%。不存在反应时与错误率的代偿（正确率与反应时相关不显著，$r = -0.02$，$p > 0.05$）。见图 12。

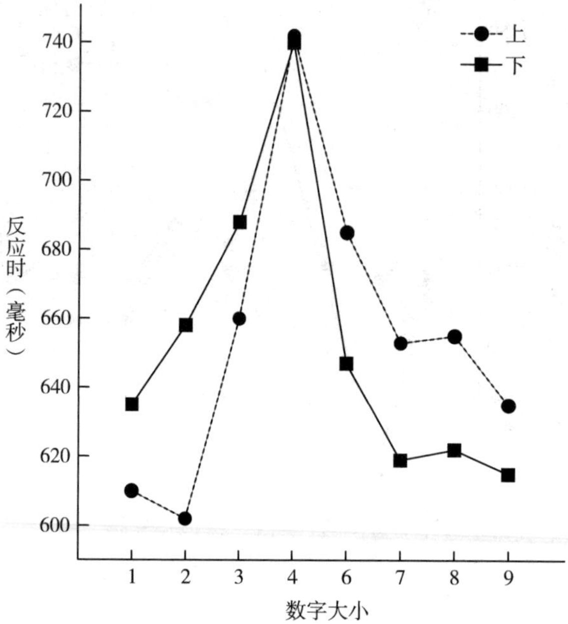

图 12　蒙古族被试视觉蒙古语数字形式上下位置在不同数字上的反应时

进行 8×2 的重复测量方差分析（蒙古语数字的书写方向是从上到下，因此，我们设置了对数字大小进行上下按键反应，一半被试左手在上，右手在下，另一半被试则相反）。结果发现如下。

数字的主效应显著，$F(7, 72) = 32.37$，$p < 0.001$，$\eta_p^2 = 0.76$；反应位置的主效应不显著，$F(1, 78) = 1.30$，$p = 0.72$，$\eta_p^2 = 0.002$。

数字与反应位置的交互效应显著，$F(7, 72) = 3.71$，$p < 0.01$，$\eta_p^2 = 0.26$。简单效应分析发现，被试对较小数字 1、3 和 4 进行反应时，上下位置的反应时没有显著差异（$p > 0.05$），但对较小数字 2 进行反应时，上空间位置的反应时显著短于下空间位置的反应时（$p < 0.001$），对较大数字 6、7、8 进行反应时，下空

间位置的反应时显著短于上空间位置的反应时（$p<0.05$），对较大数字 9 进行反应的时候，上下空间位置之间的反应时差异不显著（$p>0.05$），结果表明存在 SNARC 效应。

3. 在听觉蒙古语数字形式上，剔除未完整完成实验的 4 名被试，共保留有效被试 77 人；剔除错误反应试次及 3 个标准差之外的数据，剔除率 0.9%。不存在反应时与错误率的代偿（正确率与反应时相关不显著，$r=-0.07$，$p>0.05$）。

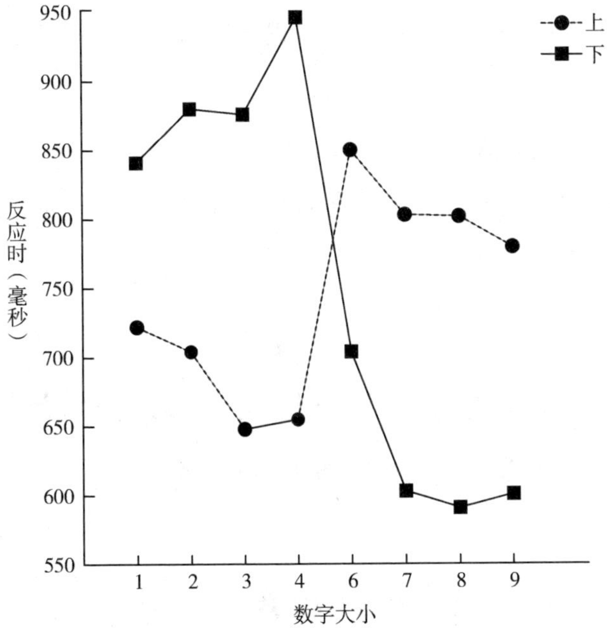

图 13　蒙古族被试听觉蒙古语数字形式上下位置在不同数字上的反应时

进行 8×2 的重复测量方差分析。蒙古语数字的书写方向是从上到下，因此，我们设置了对数字大小进行上下按键反应，一半被试左手在上，右手在下，另一半被试相反。结果发现如下。

数字的主效应显著，$F(7, 70)=30.51$，$p<0.001$，$\eta_p^2=$

0.75；反应位置的主效应不显著，F（1，76）$=1.20$，$p=0.28$，$\eta_p^2=0.02$。

数字与反应位置的交互效应显著，F（7，70）$=19.22$，$p<0.001$，$\eta_p^2=0.66$，表明 SNARC 效应显著。通过进一步地简单效应分析，我们发现被试对数字 1、2、3、4 进行反应时，上空间位置的反应时显著短于下空间位置（$p<0.001$），对数字 6、7、8、9 进行反应时，下空间位置显著短于上空间位置（$p<0.001$）。全部 77 名被试在不同条件下的平均反应时见图 13。

（三）维吾尔族被试

在维吾尔族被试的所有数字语言符号表面形式中均未发现 SNARC 效应，$p>0.05$。

第五节　不同数字语言符号表面形式对浅层次简单数字加工影响机制的讨论

一　汉族被试

在视觉阿拉伯数字形式上，对左右反应位置与数字大小的正确率与反应时进行 2×2 的重复测量方差分析发现，汉族被试在水平方向上出现了经典的 SNARC 效应，结果与前人的研究相一致（Dehaene，Bossini，Giraux，1993）。但我们在听觉感觉通道上没有发现汉语数字形式和阿拉伯数字形式存在 SNARC 效应，这与前人的研究不符（Nuerk，Wood，Willmes，2005；赵琪等，2017）。

我们认为可能的解释应该是：听觉感觉通道上并不是不存在水平方向上的 SNARC 效应（左手对小数字反应更快、右手对大数字反应更快），只不过 SNARC 效应在视听两种感觉通道上的强度/大小存在差异。具体到本研究，听觉通道上阿拉伯数字形式没有发现 SNARC 效应的原因可能是差异尚未达到统计学意义上的显著水平，因为数字 1 存在左手反应更快的趋势，数字 8 和数字 9 则存在右手反应更快的趋势，只不过这种趋势尚未达到统计学意义上的显著水平；还有一种可能则是我们选择的汉族被试数学水平相对较高，该批被试为本科一批（重点本科）学生。我们推测，SNARC 效应的大小可能受被试数学能力水平的调节，数学能力水平较低，被试的 SNARC 效应可能越大。反之，数学能力水平较高，被试的 SNARC 效应则可能变小或消失，这里所谓的 SNARC 效应消失并不是意味着 SNARC 效应不存在，只不过两者间的差异较小未达到统计学意义上的显著水平。上述结果似乎表明，感觉通道因素可能影响到了简单的浅层次数字加工。

相对于阿拉伯数字形式，同样是视觉通道，汉族被试的汉语数字形式却没有发现 SNARC 效应，这与 Hung 等（2008）对台湾被试的研究结果相一致。

为了探讨数字语言符号表面形式自身对 SNARC 效应的影响，我们比较了汉族被试两种数字表面形式（视觉阿拉伯数字与视觉汉语数字）对 SNARC 效应影响的差异，这两种数字表面形式的“感觉通道”“所蕴含的阅读/书写顺序经验”“所处周围语境的阅读/书写顺序”均相同，从而可以排除“感觉通道”“数字语言符号表面形式自身及其所蕴含的阅读/书写顺序经验”“数字语言符号表面形式自身所处周围语境的阅读/书写顺序”的影响，如果产生差异则只能归因于“数字语言符号表面形式自身”这一影响因素。我们发现视觉阿拉伯数字形式存在 SNARC 效应，但视觉汉语数字形式却不存在 SNARC 效应，这一结果表明，“数字语言符号表面形式自身”这一因素影响到了 SNARC 效应，也就是说，数字语言符号表面形式自身影响到了较浅层次的数字加工，这支持了 Campbell 等提出的多元编码模型（Campbell，1992；Campbell，1994），也为特异通路假说提供了证据支持。此外，这也符合具身认知所提出的个体对世界的认知存在模态性的假说（Barsalou，2008）。

然而，对于视觉汉语数字形式没有发现 SNARC 效应这一结果，我们认为也有可能是在日常生活学习中汉语数字词使用频率极低造成的，极低的使用频率尚不足以使被试形成小数字表征在左侧、大数字表征在右侧的 SNARC 效应，这也从另一个角度再次证实了阅读/书写顺序经验对数字空间映射的影响。因而，数字语言符号表面形式使用频率这一变量无法有效控制是本研究的一个不足之处，需要我们在以后的研究中加以注意。

二 蒙古族被试

在视觉阿拉伯数字形式上，与汉族被试在阿拉伯数字形式上发现了由左至右水平方向上的 SNARC 效应的结果不同，蒙古族被试没有发现水平方向上的 SNARC 效应，这表明，尽管任务中的数字语言符号表面形式相同（均为视觉阿拉伯数字），但另一些因素可能影响了简单数字的加工。蒙古族被试在进行算术运算的时候，阅读/书写视觉阿拉伯数字的顺序方向与汉族被试相同，都是自左往右的；然而，在蒙古文语境中的时候（即蒙古文与阿拉伯数字同时出现）（见图2），蒙古族被试阅读/书写视觉阿拉伯数字的顺序方向则是自上而下的。根据阅读/书写顺序经验将影响到 SNARC 效应方向的观点（Hung et al.，2008；Moeller et al.，2015），蒙古族被试在不同情境中阅读/书写视觉阿拉伯数字的顺序方向是不同的（有时自左往右，有时自上而下），这就使得蒙古族被试阿拉伯数字在水平方向上的心理数字线的空间映射不如汉族被试所处的始终自左往右的情境更加稳健，同时也正因为蒙古族被试在不同情境中阅读/书写视觉阿拉伯数字的顺序方向是不同的而不是截然相反的（如果方向截然相反则很可能出现反转的 SNARC 效应），从而出现了本研究中的结果（蒙古族被试在视觉阿拉伯数字形式上并没有发现自左往右水平方向上的 SNARC 效应）。这说明，尽管阅读/书写顺序经验这一变量是与任务无关的，但他们会影响到以阿拉伯数字方式呈现的刺激的简单的数量加工，这表明，基本的数字认知受到文化因素的塑造（Ansari，2008），而并不是单一抽象稳定的表征方式，而是既存在符号特殊性，又存在文化情境性。另外，维吾尔族被试在视觉阿拉伯数字形式上的表现也证明了这一点，维吾尔文的书写方向是从右到左，但书写阿拉伯数字的方向则是从左到右，这与以色列人所使用的希伯来文相同，所以以色列人未表现出 SNARC 效应（Shaki，Fischer，Petrusic，2009），这可能也是本研究中维吾尔族被试没有表现出 SNARC 效应的原因，因为这种相互冲突的书写方式导致维吾尔族被试较弱甚至消失的数字空间映射。Zebian（2005）的研究也证明了这一点，阿拉伯语—英语双语者的阅读/书写顺序相互冲突，导致 SNARC 效应变小，而阿拉伯语单语者却出现了反转的 SNARC 效应，巴勒斯坦人所使用的阿拉伯语和阿拉伯数字均为左行（从右向左阅读/书写），也表现出了反转的 SNARC 效应（Shaki，Fischer，Petrusic，2009），结果正好与汉族被试和英语国家的被试相反。

汉族视觉阿拉伯数字形式与蒙古族视觉阿拉伯数字形式二者间具有相同的通道（均为视觉通道）、相同的数字语言符号表面形式自身（均为阿拉伯数字形式）、相同的阅读/书写顺序经验（均为从左往右）、相同的周围语境（均为从左往右），两种数字语言符号表面形式之间的唯一差异就在于蒙古族被试在不同情境中阅读/书写视觉阿拉伯数字的顺序方向是不同的（有时自左往右，有时自上而下），我们推测这“唯一差异”就是汉族视觉阿拉伯数字形式存在 SNARC 效应但蒙古族视觉阿拉伯数字形式不存在 SNARC 效应的原因。这表明，不同的阅读/书写顺序经验和不同的周围语境二者共同对数字的空间表征产生不同的影响；此外，不同的周围语境也对数字的空间表征产生不同的影响（汉族视觉阿拉伯数字形式 vs. 维吾尔族视觉阿拉伯数字形式）。

在视觉蒙古语数字形式上，为了适应被试的阅读/书写顺序经验，我们设置了蒙古语数字的垂直反应方式，在垂直空间方向上发现了小数字在上、大数字在下的 SNARC 效应。Hung 等（2008）对简体汉语数字词的研究发现，在垂直方向上，小数表征在上方，大数表征在下方，他们认为这是由于阅读/书写经验导致了这种数字的空间映射。因为简体汉字出现在从上到下的印刷体文字情境中的比例在台湾是 60%，导致小数表征在垂直空间的上方，大数表征在垂直空间的下方。而蒙古语的书写方向是从上到下，这很可能导致了蒙古族被试对数字在垂直方向上进行了与汉语中的台湾被试类似的从上到下的空间表征。

蒙古族被试在听觉蒙古语数字上也发现了与视觉蒙古语数字形式相同的从上到下的垂直方向的 SNARC 效应，这表明视觉阅读/书写经验跨通道影响到了听觉通道浅层次的数字空间表征。

三　维吾尔族被试

在视觉阿拉伯数字形式上，我们没有发现水平方向上的 SNARC 效应。这可能是因为虽然维吾尔族被试习惯使用的维吾尔文的阅读/书写顺序是左行向下的，但维吾尔族被试使用的阿拉伯数字的阅读/书写顺序则是右行的（从左到右，即按照万、千、百、十、个位数的顺序由左至右书写，高位数在左侧、低位数在右侧，例如，维吾尔族被试书写的阿拉伯数字“23”用汉语数字形式来表示就是“二十三”，而不是“三十二”），两种数字语言符号表面形式（视觉维吾尔语数字形式、视觉阿拉伯数字形式）书写/阅读顺序经验的相反可能弱化甚至抵消了经典的 SNARC 效应，从而导致 SNARC 效应不显著。Zebian（2005）也曾报道过一项类似的研究发现，黎巴嫩被试的书写系统是从右往左，这与维吾尔文的书写顺序相同，研究者认为这将会调节 SNRAC 效应的强度或者导致反转的 SNARC 效应。此外，我们在视觉维吾尔语数字形式、听觉阿拉伯数字形式和听觉维吾尔语数字形式上均没有发现 SNARC 效应。

综上所述，在简单的浅层次数字加工任务中（数字大小比较），数字表征以依赖于而非独立于“数字语言符号表面形式自身”“感觉通道”“数字语言符号表面形式自身所处的周围语境”“不同的阅读/书写顺序经验和不同的周围语境二者共同作用”的方式进行。我们在汉族被试中只在视觉阿拉伯数字上发现了SNARC效应，但在蒙古族被试中，我们在视觉蒙古语数字与听觉蒙古语数字中均发现了SNARC效应，却在维吾尔族被试中未发现任何SNARC效应，这可能是不同的数字语言符号表面形式自身、周围语境、感觉通道、阅读/书写顺序经验共同作用的结果。这也支持了不同数字语言符号表面形式的问题刺激经编码后仍保持特异性并沿不同的通路进行加工的特异通路假说（Campbell, Metcalfe, 2008；Zhang et al.，2013）。另外，在视觉蒙古语数字与听觉蒙古语数字中均发现了垂直方向上的SNARC效应，则表明视觉阅读/书写顺序经验跨通道影响到了听觉通道浅层次的数字空间表征。上述发现也支持了具身认知观的数字加工。

在深层次复杂运算条件下，不同数字语言符号表面形式如何影响数字认知加工，我们将通过第四章进行考察。

第四章　不同数字语言符号表面形式对复杂的深层次数字加工的影响机制研究

第一节　不同数字语言符号表面形式是否影响到复杂的深层次数字加工？

为进一步考察在深层次复杂运算的条件下，不同数字语言符号表面形式影响数字认知加工的机制，同时验证个体采用的表征方式是否取决于任务需求（陈辉，2010）①，我们在第三章的基础上，在视觉通道条件下，通过控制 SOA（SOA = 800ms，间隔时间足够完成不同数字语言符号表面形式数字的编码过程）剔除数字语言符号表面形式编码过程的影响，并以比数字比较任务（该任务以浅层次的方式表征）更为复杂的乘数相关错误效应（该任务以深层次的方式表征）为考察指标，探讨视觉感觉通道条件下不同数字语言符号表面形式对个体深层次数字认知的影响。此外，我们还进一步考察了听觉通道条件（Moeller

① 以往研究发现，不同加工层次的数量其表征方式不同，对于一些相对较为简单的任务，以浅层次的方式表征（如比较任务）；而对于那些较为复杂的任务，则以深层次的方式进行表征。

et al. , 2015)[①], 从而可以更深入地系统考察不同通道条件下不同数字语言符号表面形式对个体深层次数字认知的影响。

第二节 不同数字语言表面形式对复杂的深层次数字加工影响机制的研究假设

不同数字语言符号表面形式（汉语数字/阿拉伯数字/蒙古语数字/维吾尔语数字）的差异对深层次复杂运算数字认知加工过程的影响有所不同。

第三节 不同数字语言表面形式对复杂的深层次数字加工影响机制的研究方法

一 被试

同第三章，但部分被试没有完整地完成本章实验。汉族被试共 64 名，其中，完成视觉阿拉伯数字形式的 63 名、完成视觉汉语数字形式的 64 名、完成听觉汉语数字形式的 61 名；蒙古族被试共 78 名，其中，完成视觉阿拉伯数字形式的 75 名、完成视觉蒙古语数字形式的 78 名（1 名未进行《算术技能问卷》测试）、

① 以往研究发现，阅读/书写经验影响个体的数字认知。本书选用的汉文、蒙古文、维吾尔文的阅读/书写顺序习惯是各不相同的，这种不同的阅读/书写顺序习惯会对个体数字认知产生不同的影响。然而，上述影响更多地存在于视觉通道条件下，听觉通道内是否存在或多大程度上存在阅读/书写顺序习惯的影响尚不清楚。

完成听觉蒙古语数字形式的74名；维吾尔族被试共75名，其中，完成视觉阿拉伯数字形式的73名（1名未进行《算术技能问卷》测试）、完成视觉维吾尔语数字形式的71名、完成听觉维吾尔语数字形式的75名。

二　实验设计

4（数字语言符号表面形式：阿拉伯数字/汉语数字/蒙古语数字/维吾尔语数字）×2（错误类型：乘数相关错误Rel、乘数无关错误Unr）×2（感觉通道：视觉通道、听觉通道）三因素混合设计，因变量为被试反应的正确率（ACC：被试判断正确题数占总题数的百分比）、反应时（RT：被试判断的平均时间，剔除错误反应试次和超过3个标准差的极端反应时间）、乘数相关错误效应（乘数相关错误效应为乘数相关错误Rel的反应时减乘数无关错误Unr的反应时）。

三　实验材料

借鉴Niedeggen等（1999）和Zhang等（2013）的研究。运用个位数乘法，每个问题分正确和错误两种答案。其中，错误答案包含“乘数相关错误（Rel型错误）”和“乘数无关错误（Unr型错误）”两种错误类型。乘数相关错误表示为：$(a-1)\times b$；乘数无关错误表示为：$(a-1)\times b+2$，一般情况下加2，但需确保乘积与乘数没有关联且符合奇数偶数相乘规律（奇数奇数相乘，乘积为奇数，奇偶相乘或偶偶相乘，乘积均为偶数）。同时，为了避免“对效应”“5 效应（所有数字与 5 相乘，其乘积的末位数只有非 0 即 5 共 2 种可能）”，以及运算策略的干扰，我们剔除了某些问题，共保留乘法问题 30 个。

实验材料包括：（1）视觉材料：视觉材料均为白底黑字，字体均为宋体 42 号，刺激为阿拉伯数字/汉语数字/蒙古语数字/维吾尔语数字，汉语数字、维吾尔语数字和蒙古语数字为 1—9 的数字，而阿拉伯数字为 1—80 的数字，注视点为红色“ + ”（大小与数字相同），注视点与数字均呈现在电脑屏幕中央；（2）听觉材料：听觉刺激为女声汉语普通话/蒙古语/维吾尔语读出的数字，音量控制在中等强度，每一个声音数字为一独立文件（音频格式 WAV，比特率 384kbps，采样速率 22. 50kH，音频采样大小 16 位）。视觉数字材料和听觉数字材料中均不连续出现相同的数字。

采用 French 等编制的经典的《算术技能问卷》来测量被试的算术技能水平（French，Ekstrom，Price，1963）（见附录 2）。用来测试在多位数问题上快速且准确地执行问题的能力，即算术流畅性和工作记忆管理。该测验共包括四个部分，前两部分是复杂加法题，后两部分是复杂减法题和乘法题。每部分包含 60 道题目，要求被试在 2 分钟内又快又准、尽可能多地完成题目。总分为所有四个部分做对题目数量之和，得分越高表明被试的算术技能水平越高。

四　实验程序

实验程序借鉴 Niedeggen 等（1999）和 Zhang 等（2013）的

研究。SOA 的选择借鉴 Campbell（1999）的 800ms。采用验证范式。实行集体测试。实验材料由 E-Prime 2.0 程序随机呈现在电脑屏幕中央。正式实验开始前，有练习试次，被试先做练习。当被试做出按键反应后，均给予判断正确或判断错误的反馈，并由主试一对一进行指导，目的在于让被试熟悉实验流程。

本研究采用算术验证任务，要求被试又快又准地判断电脑屏幕上呈现的第三个数字是否前两个运算数的正确乘积。在视觉通道，程序分别为汉语数字或蒙古语数字或维吾尔语数字，每个民族都先完成阿拉伯数字，再进行本民族数字的程序。所有程序中的结果（前两个运算数的乘积）均以视觉阿拉伯数字的形式呈现。即在汉、蒙、维三民族视觉阿拉伯数字形式/视觉汉语数字形式/视觉蒙古语数字形式/视觉维吾尔语数字形式任务中，前两个运算数分别为视觉呈现的阿拉伯数字，或汉语数字，或蒙古语数字，或维吾尔语数字，但结果均为视觉阿拉伯数字。听觉通道内的设置与视觉类似，只是前两个运算数以听觉方式呈现，结果仍以视觉阿拉伯数字的方式呈现。这样设置的目的就是既可以进行民族内不同数字表面形式的比较，也可以进行民族间不同数字表面形式的比较。

实验开始时，首先呈现 800ms 的注视点“+”，提示被试注意屏幕中央，呈现第一个运算数（被乘数，Op1），呈现时间为 1000ms，之后为 500ms 的空屏，然后呈现第二个运算数（乘数，Op2），800ms 后呈现结果数字（Result）（在第二个运算数下方 10mm 处呈现）。被试需又快又准地判断该数字是否前两个运算数的正确乘积并进行按键反应，按键后“结果数字”消失出现空屏（500ms），或虽未按键但时间达到 2000ms 之后“结果数字”消失出现空屏（500ms），然后进入下一个试次（见图 14）。为平衡左右手反应，一半被试对正确结果用左手按“F”键进行反应（两个运算数的正确乘积）、对错误结果用右手按“J”键进行反应（非两个运算数的正确乘积），另一半试次与之相反。每个 block 含 40 个试次，共 4 个 block，被试可以根据自身状态自行决定在 block 之间进行适当休息，整个实验大约需要 60 分钟。视、听感觉通道的实验顺序也进行了平衡。实验在专业的心理学实验室内进行。实验仪器为笔记本电脑（14 英寸，屏幕分辨率 1280 × 800 像素，刷新频率 60Hz）。

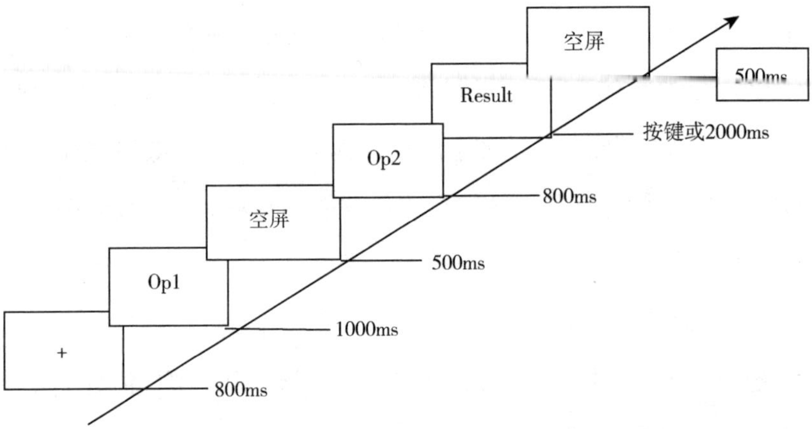

图 14 不同数字语言符号表面形式对复杂深层次数字加工的影响机制实验流程

第四节 不同数字语言表面形式对复杂的深层次数字加工影响机制的研究结果

下列分析中，均将被试的《算术技能问卷》得分作为协变量加以控制。

一　汉族被试

汉族被试在不同数字语言符号表面形式下两种错误类型的正确率和反应时及乘法相关错误效应见表 1。

表 1　汉族被试在不同数字语言符号表面形式下两种错误类型的正确率和反应时（$M \pm SD$）及乘数相关错误效应①

数字表面形式因素	错误类型				乘数相关错误效应
	乘数相关错误（Rel 型错误）		乘数无关错误（Unr 型错误）		
	正确率	反应时（ms）	正确率	反应时（ms）	
视觉阿拉伯数字	0.96 ±0.01	642.04 ±19.66	0.96 ±0.01	627.41 ±17.17	14.64 ±73.31
视觉汉语数字	0.97 ±0.01	635.82 ±19.36	0.97 ±0.01	626.67 ±19.12	9.15 ±72.47
听觉汉语数字	0.94 ±0.01	891.14 ±39.39	0.95 ±0.01	823.48 ±34.40	67.66 ±105.33

（1）对视觉阿拉伯数字形式的两种错误类型进行重复测量方差分析②。共剔除 1 名无效被试数据，共保留有效被试 61 名。结果显示：在正确率上，二者差异不显著（Rel 型错误 0.96 vs. Unr 型错误 0.96），$F(1, 59) = 1.96$，$p = 0.17$，$\eta_p^2 = 0.03$；在反应时上，二者差异边缘显著（Rel 型错误 642.04ms vs. Unr 型错误 627.41ms），$F(1, 59) = 3.61$，$p = 0.06$，$\eta_p^2 = 0.06$。

对视觉汉语数字形式的两种错误类型进行重复测量方差分

① 乘数相关错误效应为乘数相关错误的反应时减乘数无关错误的反应时；视觉阿拉伯数字形式的被乘数（Op1）、乘数（Op2）、乘积（Result）均为视觉阿拉伯数字；视觉汉语数字形式的被乘数（Op1）和乘数（Op2）均为视觉汉语数字，乘积（Result）则为视觉阿拉伯数字；听觉汉语数字形式的被乘数（Op1）和乘数（Op2）均为听觉汉语普通话数字，乘积（Result）则为视觉阿拉伯数字，要求被试在实验过程中将听到的汉语普通话数字想象成汉语数字而不是阿拉伯数字，并在练习阶段及中间休息时多次提醒被试。

② 为了将“算术技能能力水平”作为协变量加以控制，我们没有采用 t 检验，而是采用了方差分析。

析。共保留有效被试62名。结果显示：在正确率上，二者差异不显著（Rel 型错误 0.97 vs. Unr 型错误 0.97），F（1，60）=0.22，$p=0.64$，$\eta_p^2=0.004$；在反应时上，二者差异显著（Rel 型错误 635.82ms vs. Unr 型错误 626.67ms），F（1，60）=4.86，$p<0.05$，$\eta_p^2=0.08$。

对听觉汉语数字形式的两种错误类型进行重复测量方差分析。剔除3名无效被试数据，共保留有效被试59名。结果显示：在正确率上，错误类型差异不显著，F（1，57）=0.68，$p=0.41$，$\eta_p^2=0.01$；在反应时上，两种错误类型差异显著，F（1，57）=6.82，$p<0.05$，$\eta_p^2=0.11$。

（2）对视觉通道内的不同数字语言符号表面形式（视觉阿拉伯数字形式、视觉汉语数字形式）与错误类型二者进行 2×2 的重复测量方差分析。结果显示：在正确率上，数字语言符号表面形式的主效应不显著，F（1，59）=3.52，$p=0.07$，$\eta_p^2=0.06$；错误类型的主效应不显著，F（1，59）=1.54，$p=0.22$，$\eta_p^2=0.03$；二者的交互作用亦不显著，F（1，59）=0.91，$p=0.34$，$\eta_p^2=0.02$。在反应时上，数字语言符号表面形式的主效应不显著，F（1，59）=1.62，$p=0.21$，$\eta_p^2=0.03$；错误类型的主效应显著，F（1，59）=7.33，$p<0.01$，$\eta_p^2=0.11$；二者的交互作用不显著，F（1，59）=0.06，$p=0.81$，$\eta_p^2=0.001$。如图15所示。

对不同感觉通道内的不同数字语言符号表面形式（视觉阿拉伯数字形式、听觉汉语数字形式）与错误类型进行 2×2 的重复测量方差分析。结果显示：在正确率上，数字语言符号表面形式的主效应不显著，F（1，56）=2.05，$p=0.16$，$\eta_p^2=0.04$；错误类型主效应、数字语言符号表面形式与错误类型的交互作用均

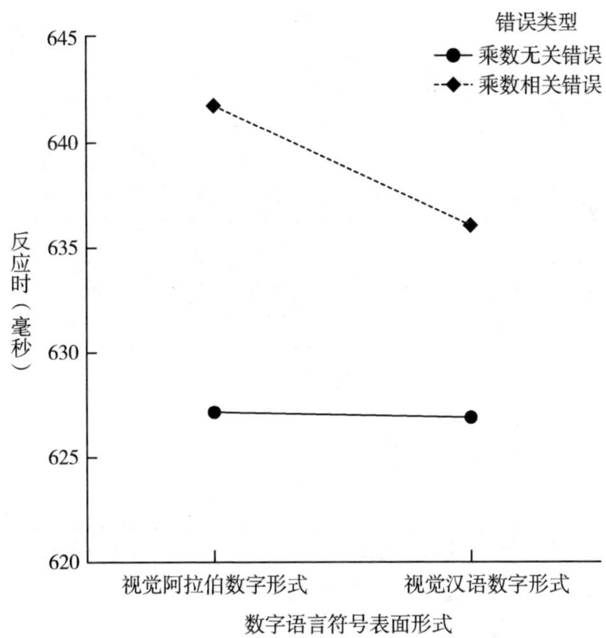

图 15　汉族被试视觉通道内的数字语言符号表面形式

（视觉阿拉伯数字形式、视觉汉语数字形式）在不同错误类型上的反应时

不显著，分别为，F（1，56）$=1.70$，$p=0.20$，$\eta_p^2=0.03$；F（1，56）$=0.11$，$p=0.74$，$\eta_p^2=0.002$。在反应时上，数字语言符号表面形式主效应显著，F（1，56）$=5.66$，$p<0.05$，$\eta_p^2=0.09$，视觉阿拉伯数字形式的反应时显著短于听觉汉语数字形式的反应时（视觉阿拉伯 633.57ms vs. 听觉汉语 859.62ms）。错误类型的主效应显著，F（1，56）$=9.50$，$p<0.01$，$\eta_p^2=0.15$，错误相关（Rel）的反应时显著长于错误无关（Unr）的反应时（相关 766.48ms vs. 无关 726.70ms）。二者的交互作用不显著，F（1，56）$=1.39$，$p=0.24$，$\eta_p^2=0.02$。如图 16 所示。

对不同感觉通道的同一数字语言符号表面形式（视觉汉语数字形式、听觉汉语数字形式）与两种错误类型进行 2×2 的重复测量

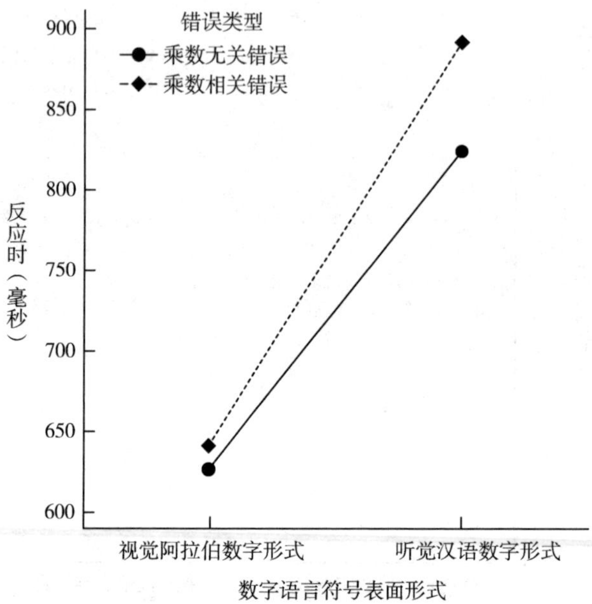

图 16　汉族被试不同感觉通道内的数字语言符号表面形式（视觉阿拉伯数字形式、听觉汉语数字形式）在不同错误类型上的反应时

方差分析。结果显示：正确率上，感觉通道（数字语言符号表面形式）主效应不显著，F（1，57）=0.12，p=0.73，η_p^2=0.002；错误类型以及二者的交互作用均不显著，F（1，57）=0.71，p=0.40，η_p^2=0.01；F（1，57）=0.15，p=0.70，η_p^2=0.003。在反应时上，感觉通道（数字语言符号表面形式）主效应显著，F（1，57）=4.56，p<0.05，η_p^2=0.07，视觉通道的反应时显著短于听觉通道的反应时（视觉汉语 632.55ms vs. 听觉汉语 857.31ms）。错误类型的主效应显著，F（1，57）=10.09，p<0.01，η_p^2=0.15，错误相关（Rel）的反应时显著长于错误无关（Unr）的反应时（相关 764.23ms vs. 无关 725.62ms）。二者的交互作用不显著，F（1，58）=1.14，p=0.29，η_p^2=0.02。如图 17 所示。

（3）对同为视觉通道中的阿拉伯数字形式、汉语数字形式的

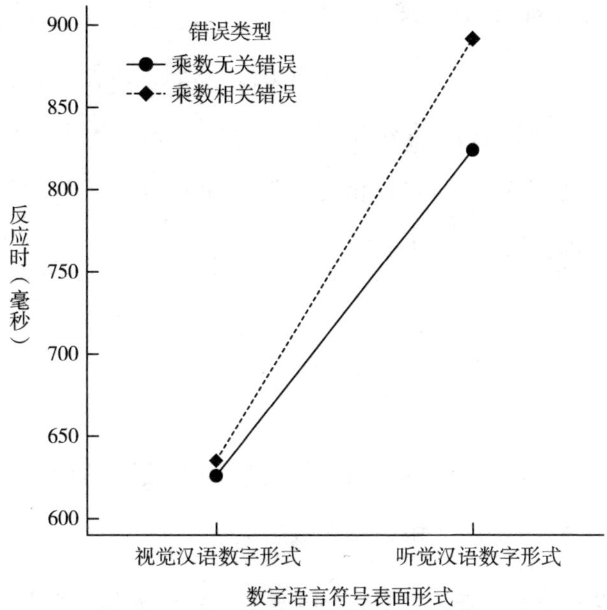

图 17　汉族被试不同感觉通道内的数字语言符号表面形式

（视觉汉语数字形式、听觉汉语数字形式）在不同错误类型上的反应时

乘数相关错误效应进行重复测量方差分析。结果显示：两数字语言符号表面形式（视觉阿拉伯数字、视觉汉语数字）的乘数相关错误效应差异不显著，$F(1, 59) = 0.06$，$p = 0.81$，$\eta_p^2 = 0.001$。

对视觉汉语数字形式、听觉汉语数字形式的乘数相关错误效应进行重复测量方差分析。结果显示：视觉汉语数字形式与听觉汉语数字形式的乘数相关错误效应的差异不显著，$F(1, 57) = 1.14$，$p = 0.29$，$\eta_p^2 = 0.02$。然而，我们进行独立样本 t 检验，却发现二者的差异达到显著水平，$t(119) = -3.57$，$p < 0.01$，视觉汉语数字形式的乘数相关错误效应显著小于听觉汉语数字形式的错误效应（视 9.15ms vs. 听 67.66ms）。

对视觉阿拉伯数字形式与听觉汉语数字形式的乘数相关错误

效应进行重复测量的方差分析。结果显示：二者差异不显著，$F(1, 56) = 1.39$，$p = 0.24$，$\eta_p^2 = 0.02$。然而，我们进行独立样本 t 检验，却发现二者的差异显著，$t(118) = -3.21$，$p < 0.01$，视觉阿拉伯数字形式的乘数相关错误效应显著小于听觉汉语数字形式（视觉阿拉伯 14.64ms vs. 听觉汉语 67.66ms）。

二 蒙古族被试

蒙古族被试在不同数字语言符号表面形式下两种错误类型的正确率和反应时及乘数相关错误效应见表2。

表2 蒙古族被试在不同数字语言符号表面形式下两种错误类型的正确率和反应时（$M \pm SD$）及乘数相关错误效应

数字表面形式因素	错误类型				乘数相关错误效应
	乘数相关错误（Rel 型错误）		乘数无关错误（Unr 型错误）		
	正确率	反应时（ms）	正确率	反应时（ms）	
视觉阿拉伯数字	0.86 ±0.01	770.90 ±18.07	0.94 ±0.01	730.29 ±15.56	40.61 ±91.34
视觉蒙古语数字	0.80 ±0.02	879.20 ±21.26	0.92 ±0.10	788.72 ±16.43	90.48 ±113.95
听觉蒙古语数字	0.83 ±0.02	976.86 ±23.42	0.94 ±0.01	857.99 ±19.50	118.88 ±132.53

注：视觉阿拉伯数字形式的被乘数（Op1）、乘数（Op2）、乘积（Result）均为视觉阿拉伯数字；视觉蒙古语数字形式的被乘数（Op1）和乘数（Op2）为视觉蒙古语数字，乘积（Result）则为视觉阿拉伯数字；听觉蒙古语数字形式的被乘数（Op1）和乘数（Op2）为听觉蒙古语数字，乘积（Result）则为视觉阿拉伯数字。

1. 对视觉阿拉伯数字形式的两种错误类型进行重复测量方差分析。结果显示：在正确率上，二者差异显著（Rel 型错误 0.86 vs. Unr 型错误 0.94），$F(1, 73) = 18.93$，$p < 0.001$，$\eta_p^2 = 0.21$；在反应时上，二者差异边缘显著（Rel 型错误 770.90 vs. Unr 型错误 730.29ms），$F(1, 73) = 3.66$，$p = 0.06$，$\eta_p^2 = 0.05$。

对视觉蒙古语数字形式的两种错误类型进行重复测量方差分

析。结果显示：在正确率上，二者差异显著（Rel 型错误 0.80 vs. Unr 型错误 0.92），$F（1，75）=22.88$，$p<0.001$，$\eta_p^2=0.23$；在反应时上，二者差异显著（Rel 型错误 879.20ms vs. Unr 型错误 788.72ms），$F（1，75）=4.80$，$p<0.05$，$\eta_p^2=0.06$。

对听觉蒙古语数字形式的两种错误类型进行重复测量方差分析。结果显示：在正确率上，两种错误类型差异显著（Rel 型错误 0.83 vs. Unr 型错误 0.94），$F（1，72）=32.94$，$p<0.001$，$\eta_p^2=0.31$；在反应时上，两种错误类型差异显著（Rel 型错误 976.86ms vs. Unr 型错误 857.99ms），$F（1，72）=16.44$，$p<0.001$，$\eta_p^2=0.19$。

2. 对视觉通道内的两种数字语言符号表面形式（视觉阿拉伯数字形式、视觉蒙古语数字形式）与错误类型二者进行 2×2 的重复测量方差分析。结果显示：在正确率上，数字语言符号表面形式主效应不显著，$F（1，73）=0.77$，$p=0.38$，$\eta_p^2=0.01$；错误类型主效应显著，$F（1，73）=27.61$，$p<0.001$，$\eta_p^2=0.27$，错误相关的正确率显著低于错误无关的正确率（Rel 型错误 0.83 vs. Unr 型错误 0.93）；二者的交互作用不显著，$F（1，73）=0.29$，$p=0.59$，$\eta_p^2=0.004$。如图 18 所示。

在反应时上，数字语言符号表面形式的主效应显著，$F（1，73）=4.78$，$p<0.05$，$\eta_p^2=0.06$，视觉阿拉伯数字形式的反应时显著短于视觉蒙古语数字形式的反应时（视觉阿拉伯 750.59ms vs. 视觉蒙古语 830.32ms）；错误类型的主效应显著，$F（1，73）=5.98$，$p<0.05$，$\eta_p^2=0.08$，错误相关（Rel）的反应时显著长于错误无关（Unr）的反应时（相关 823.35ms vs. 无关 757.57ms）；二者的交互作用不显著，$F（1，73）=0.42$，$p=0.52$，$\eta_p^2=0.01$。

如图 19 所示。

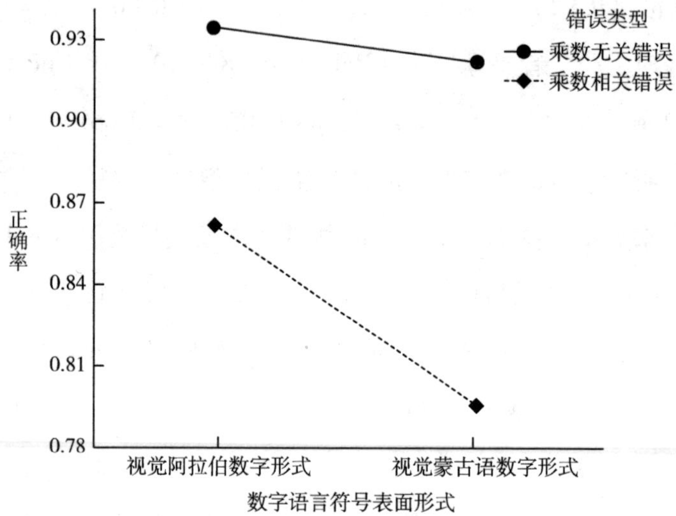

图 18　蒙古族被试视觉通道内的不同数字语言符号表面形式（视觉阿拉伯数字形式、视觉蒙古语数字形式）在不同错误类型上的正确率

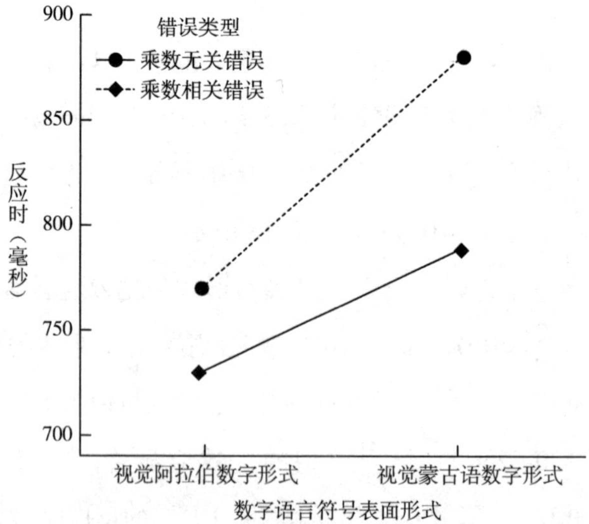

图 19　蒙古族被试视觉通道内的不同数字语言符号表面形式（视觉阿拉伯数字形式、视觉蒙古语数字形式）在不同错误类型上的反应时

对视听两种感觉通道内的两种数字语言符号表面形式（视觉蒙古语数字形式、听觉蒙古语数字形式）与两种错误类型进行 2×2 的重复测量方差分析。结果显示：在正确率上，感觉通道（数字语言符号表面形式）的主效应不显著，$F(1, 72) = 0.10$，$p = 0.75$，$\eta_p^2 = 0.001$；错误类型的主效应显著，$F(1, 72) = 39.33$，$p < 0.001$，$\eta_p^2 = 0.35$，错误相关（Rel）的正确率显著低于错误无关（Unr）的正确率（相关 0.81 vs. 无关 0.93）；二者的交互作用不显著，$F(1, 72) = 1.00$，$p = 0.32$，$\eta_p^2 = 0.01$。如图 20 所示。

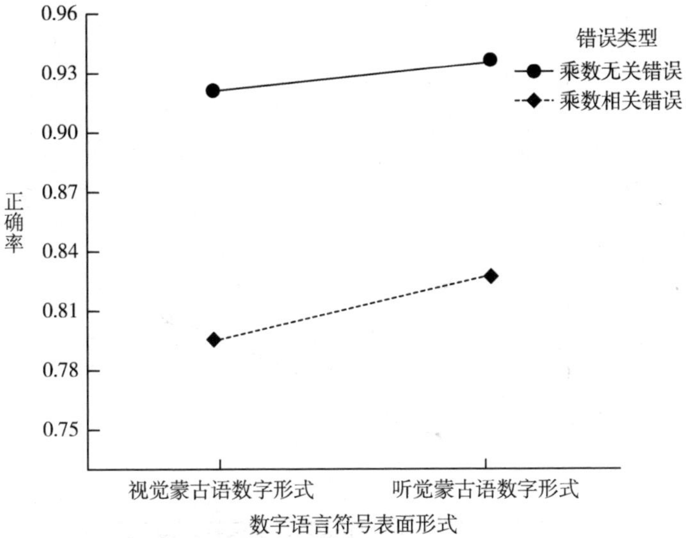

图 20　蒙古族被试视听不同通道内的数字表面形式（视觉蒙古语数字形式、听觉蒙古语数字形式）在不同错误类型上的正确率

在反应时上，感觉通道（数字语言符号表面形式）的主效应显著，$F(1, 72) = 4.40$，$p < 0.05$，$\eta_p^2 = 0.06$；视觉通道的反应时显著短于听觉通道的反应时（视 832.24ms vs. 听 917.42ms）。错误类型的主效应显著，$F(1, 72) = 15.12$，$p < 0.001$，$\eta_p^2 = 0.17$，错

误相关（Rel）的反应时显著长于错误无关（Unr）的反应时（相关926.61ms vs. 无关823.06ms）。二者的交互作用边缘显著，$F(1, 72) = 3.83$，$p = 0.05$，$\eta_p^2 = 0.05$。进一步简单效应分析显示，在视觉蒙古语数字形式上，错误相关的反应时显著长于错误无关的反应时（Rel型错误876.36ms vs. Unr型错误788.13ms），$F(1, 73) = 44.34$，$p < 0.001$；在听觉蒙古语数字形式上，错误相关的反应时显著长于错误无关的反应时（Rel型错误976.86 ms vs. Unr型错误857.99ms），$F(1, 73) = 59.54$，$p < 0.001$。如图21所示。

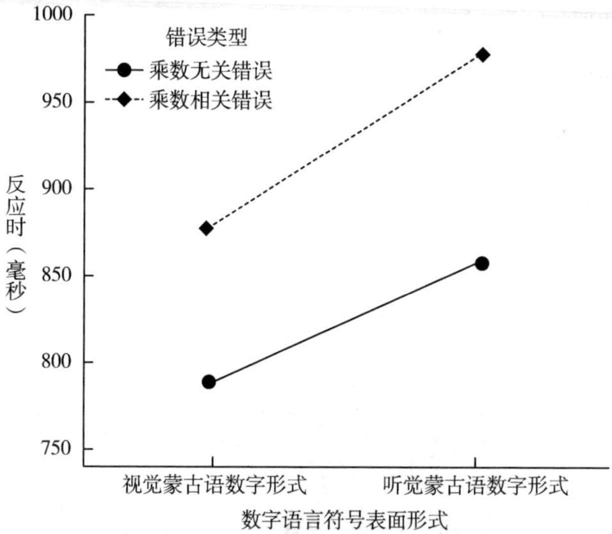

图21 蒙古族被试视听不同通道内的数字语言符号表面形式（视觉蒙古语数字形式、听觉蒙古语数字形式）在不同错误类型上的反应时

对视听两种感觉通道内的两种数字语言符号表面形式（视觉阿拉伯数字形式、听觉蒙古语数字形式）与两种错误类型进行2×2的重复测量方差分析。结果显示：在正确率上，数字语言符号表面形式的主效应不显著，$F(1, 70) = 0.74$，$p = 0.39$，

$\eta_p^2=0.01$；错误类型的主效应显著，$F(1, 70)=35.99$，$p<0.001$，$\eta_p^2=0.34$，错误相关（Rel）的正确率显著低于错误无关（Unr）的正确率（相关 0.85 vs. 无关 0.94）；二者的交互作用不显著，$F(1, 70)=2.13$，$p=0.15$，$\eta_p^2=0.03$。如图 22 所示。

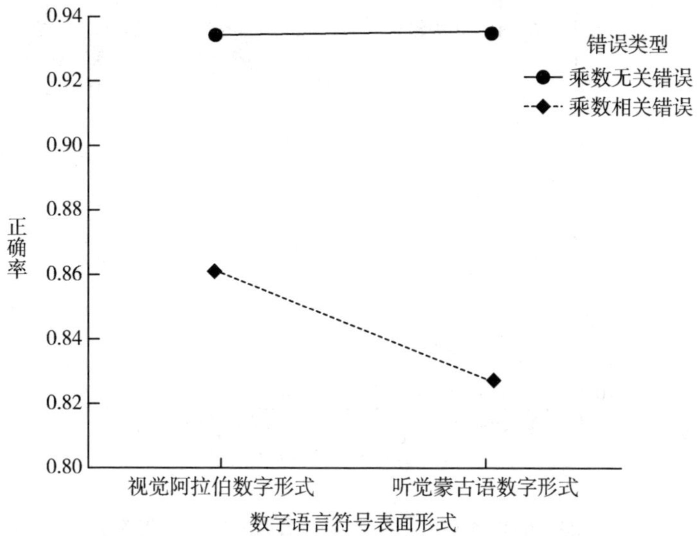

图 22　蒙古族被试视听不同通道内的数字表面形式

（视觉阿拉伯数字形式、听觉蒙古语数字形式）在不同错误类型上的正确率

在反应时上，数字语言符号表面形式的主效应显著，$F(1, 70)=11.24$，$p<0.01$，$\eta_p^2=0.14$，视觉的反应时显著短于听觉的反应时（视 753.98ms vs. 听 910.84ms）。错误类型的主效应显著，$F(1, 70)=14.61$，$p<0.001$，$\eta_p^2=0.17$，错误相关（Rel）的反应时显著长于错误无关（Unr）的反应时（相关 872.64ms vs. 无关 792.18ms）。二者的交互作用显著，$F(1, 70)=6.19$，$p<0.05$，$\eta_p^2=0.08$。简单效应分析显示，在视觉阿拉伯数字形式条件下，错误类型差异边缘显著（Rel 型错误 774.95 vs. Unr 型错误 733.02ms），$F(1, 71)=14.72$，$p<0.001$；在听觉蒙古语数字

形式条件下，错误类型间的差异显著，F（1，71）=60.34，$p<0.001$，错误相关（Rel）的反应时显著长于错误无关（Unr）的反应时（相关 970.34ms vs. 无关 851.33ms）。如图 23 所示。

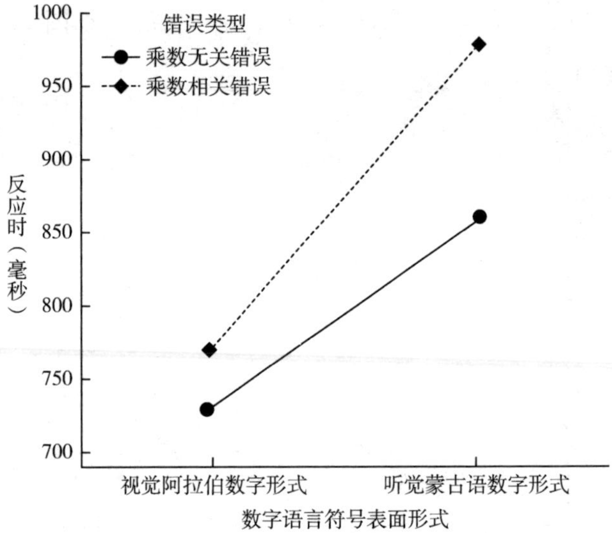

图 23　蒙古族被试视听不同通道内的数字表面形式

（视觉阿拉伯数字形式、听觉蒙古语数字形式）在不同错误类型上的反应时

3. 对视觉通道中的阿拉伯数字形式、蒙古语数字形式的乘数相关错误效应进行重复测量方差分析。结果显示：阿拉伯数字与蒙古语数字的错误效应差异不显著，F（1，73）=0.42，$p=0.52$，$\eta_p^2=0.01$。然而，我们进行独立样本 t 检验，却发现二者的差异显著，t（150）=−2.97，$p<0.01$，视觉蒙古语数字的乘数相关错误效应显著大于视觉阿拉伯数字的乘数相关错误效应（视觉蒙古语 90.48ms vs. 视觉阿拉伯 40.61ms）。

对视听不同感觉通道中数字形式（视觉蒙古语数字形式、听觉蒙古语数字形式）的错误效应进行重复测量方差分析。结果显示：二者的差异边缘显著（视 90.48ms vs. 听 118.88ms），F（1，

72）$=3.83$，$p=0.05$，$\eta_p^2=0.05$。

对视觉阿拉伯数字与听觉蒙古语数字的错误效应进行重复测量方差分析。结果显示：二者差异显著（视觉阿拉伯 40.61ms vs. 听觉蒙古语 118.88ms），F（1，70）$=6.19$，$p<0.05$，$\eta_p^2=0.08$。

三　维吾尔族被试

维吾尔族被试在不同数字语言符号表面形式下两种错误类型的正确率和反应时及乘数相关错误效应见表 3。

表 3　维吾尔族被试在不同数字语言符号表面形式下两种错误类型的正确率和反应时（$M \pm SD$）及乘数相关错误效应

数字表面形式因素	错误类型				乘数相关错误效应
	乘数相关错误（Rel 型错误）		乘数无关错误（Unr 型错误）		
	正确率	反应时（ms）	正确率	反应时（ms）	
视觉阿拉伯数字	0.81 ±0.02	771.41 ±17.20	0.92 ±0.01	732.04 ±15.10	39.37 ±90.24
视觉维吾尔语数字	0.77 ±0.02	856.37 ±22.48	0.91 ±0.01	758.44 ±16.74	97.93 ±115.91
听觉维吾尔语数字	0.75 ±0.02	981.27 ±20.32	0.91 ±0.01	883.84 ±18.54	97.43 ±130.45

注：视觉阿拉伯数字形式的被乘数（Op1）、乘数（Op2）、乘积（Result）均为视觉阿拉伯数字；视觉维吾尔语数字形式的被乘数（Op1）和乘数（Op2）为视觉维吾尔语数字，乘积（Result）则为视觉阿拉伯数字；听觉维吾尔语数字形式的被乘数（Op1）和乘数（Op2）为听觉维吾尔语数字，乘积（Result）则为视觉阿拉伯数字。

1. 对视觉阿拉伯数字的两种错误类型进行重复测量方差分析。结果显示：在正确率上，二者差异显著（Rel 型错误 0.81 vs. Unr 型错误 0.92），F（1，70）$=53.60$，$p<0.001$，$\eta_p^2=0.43$；在反应时上，二者差异不显著（Rel 型错误 771.41ms vs. Unr 型错误 732.04ms），F（1，70）$=1.31$，$p=0.26$，$\eta_p^2=0.02$。

对视觉维吾尔语数字中的两种错误类型进行重复测量方差分析。结果显示：在正确率上，二者差异显著（Rel 型错误 0.77

vs. Unr 型错误 0.91），F（1，69）$=30.06$，$p<0.001$，$\eta_p^2=0.30$；在反应时上，二者差异显著（Rel 型错误 856.37ms vs. Unr 型错误 758.44ms），F（1，69）$=15.43$，$p<0.001$，$\eta_p^2=0.18$。

对听觉维吾尔语数字中的两种错误类型进行重复测量方差分析。结果显示：在正确率上，两种错误类型差异显著（Rel 型错误 0.75 vs. Unr 型错误 0.91），F（1，73）$=40.95$，$p<0.001$，$\eta_p^2=0.36$；在反应时上，两种错误类型差异显著（Rel 型错误 981.27ms vs. Unr 型错误 883.84ms），F（1，73）$=4.18$，$p=0.04$，$\eta_p^2=0.05$。

2. 对视觉通道内的不同数字语言符号表面形式（视觉阿拉伯数字形式、视觉维吾尔语数字形式）与错误类型进行 2×2 的重复测量方差分析。结果显示：在正确率上，数字语言符号表面形式主效应显著，F（1，68）$=12.82$，$p<0.01$，$\eta_p^2=0.16$，视觉阿拉伯数字形式的正确率显著高于视觉维吾尔语数字形式的正确率（视觉阿拉伯 0.87 vs. 视觉维吾尔语 0.84）；错误类型主效应显著，F（1，68）$=44.08$，$p<0.001$，$\eta_p^2=0.39$，错误相关（Rel）的正确率显著低于错误无关（Unr）的正确率（相关 0.79 vs. 无关 0.92）；二者的交互作用不显著，F（1，68）$=0.01$，$p=0.93$，$\eta_p^2=0.00$。在反应时上，数字语言符号表面形式主效应不显著，F（1，68）$=0.11$，$p=0.74$，$\eta_p^2=0.002$；错误类型的主效应显著，F（1，68）$=14.75$，$p<0.001$，$\eta_p^2=0.18$，错误相关（Rel）的反应时显著长于错误无关（Unr）的反应时（相关 813.25ms vs. 无关 743.68ms）；二者的交互作用显著，F（1，68）$=4.44$，$p<0.05$，$\eta_p^2=0.06$。进一步的简单效应分析显示，在视觉阿拉伯数字形式条件下，错误类型差异显著（Rel 型错误 769.86ms vs. Unr 型错误 727.61ms），F（1，69）$=15.52$，

$p<0.001$；在视觉维吾尔语数字形式条件下，错误类型间的差异显著，$F(1,69)=48.49$，$p<0.001$，错误相关（Rel）的反应时显著长于错误无关（Unr）的反应时（相关 856.64ms vs. 无关 759.74ms）。如图 24 所示。

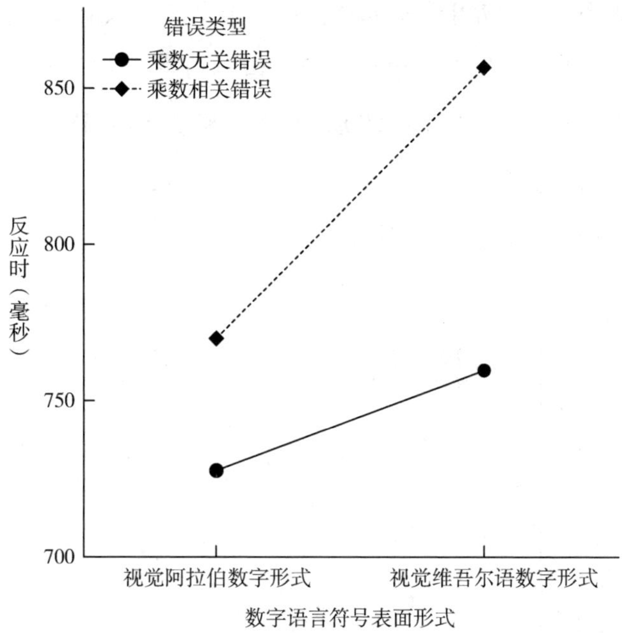

图 24 维吾尔族被试视觉通道内不同数字语言符号表面形式（视觉阿拉伯数字形式、视觉维吾尔语数字形式）在不同错误类型上的反应时

对视觉、听觉不同感觉通道的数字语言符号表面形式（视觉维吾尔语数字形式、听觉维吾尔语数字形式）与两种错误类型进行 2×2 的重复测量方差分析。结果显示：在正确率上，感觉通道（数字语言符号表面形式）主效应不显著，$F(1,68)=1.92$，$p=0.17$，$\eta_p^2=0.03$；错误类型差异显著，$F(1,68)=36.54$，$p<0.001$，$\eta_p^2=0.35$，错误相关（Rel）的正确率显著低于错误无关（Unr）的正确率（相关 0.77 vs. 无关 0.92）；二者的交互作

用不显著，F（1，68）$=0.01$，$p=0.93$，$\eta_p^2=0.00$。在反应时上，感觉通道（数字语言符号表面形式）的主效应显著，F（1，68）$=6.87$，$p<0.05$，$\eta_p^2=0.09$，视觉通道（视觉维吾尔语数字）的反应时显著短于听觉通道（听觉维吾尔语数字）的反应时（视 805.82ms vs. 听 930.59ms）；错误类型的主效应显著，F（1，68）$=12.39$，$p<0.01$，$\eta_p^2=0.15$，错误相关（Rel）的反应时显著长于错误无关（Unr）的反应时（相关 917.45ms vs. 无关 818.96ms）；二者的交互作用不显著，F（1，68）$=0.95$，$p=0.33$，$\eta_p^2=0.01$。如图 25 所示。

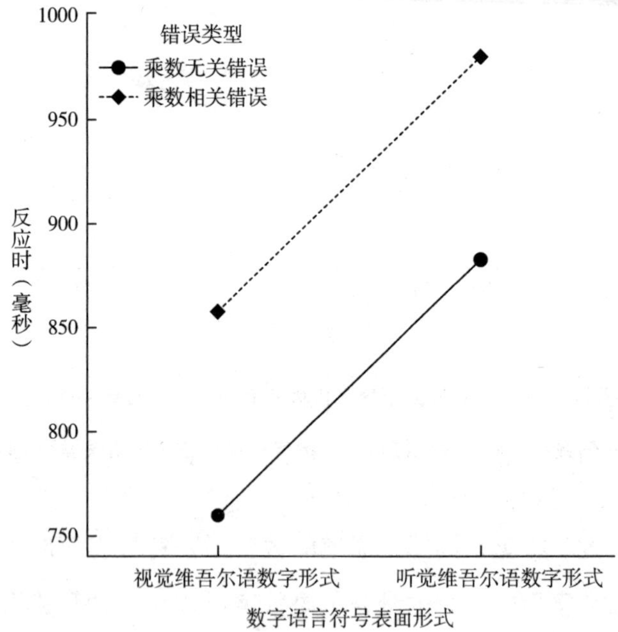

图 25 维吾尔族被试视听不同通道内数字语言符号表面形式（视觉维吾尔语数字形式、听觉维吾尔语数字形式）在不同错误类型上的反应时

对视觉、听觉不同感觉通道的数字语言符号表面形式（视觉阿拉伯数字形式、听觉维吾尔语数字形式）与两种错误类型进行

2×2 的重复测量方差分析。结果显示：在正确率上，数字语言符号表面形式主效应显著，$F(1, 69) = 4.78$，$p < 0.05$，$\eta_p^2 = 0.07$，视觉阿拉伯数字形式的正确率显著高于听觉维吾尔语数字的正确率（视觉阿拉伯 0.87 vs. 听觉维吾尔语 0.84）；错误类型差异显著，$F(1, 69) = 53.98$，$p < 0.001$，$\eta_p^2 = 0.44$，错误相关（Rel）的正确率显著低于错误无关（Unr）的正确率（相关 0.78 vs. 无关 0.92）；二者的交互作用不显著，$F(1, 69) = 0.04$，$p = 0.84$，$\eta_p^2 = 0.001$。在反应时上，数字语言符号表面形式的主效应显著，$F(1, 69) = 10.17$，$p < 0.01$，$\eta_p^2 = 0.13$，视觉通道（视觉阿拉伯数字）的反应时显著短于听觉通道（听觉维吾尔语数字）的反应时（视觉阿拉伯 746.84ms vs. 听觉维吾尔语 937.40ms）；错误类型的主效应显著，$F(1, 69) = 4.92$，$p < 0.05$，$\eta_p^2 = 0.07$，错误相关（Rel）的反应时显著长于错误无关（Unr）的反应时（相关 876.83ms vs. 无关 807.41ms）；二者的交互作用不显著，$F(1, 69) = 1.73$，$p = 0.19$，$\eta_p^2 = 0.02$。如图 26 所示。

3. 对视觉通道内的阿拉伯数字与维吾尔语数字的乘数相关错误效应进行重复测量方差分析。结果显示：视觉阿拉伯数字与视觉维吾尔语数字的错误效应差异显著，$F(1, 68) = 4.44$，$p < 0.05$，$\eta_p^2 = 0.06$，视觉维吾尔语数字的乘数相关错误效应显著大于视觉阿拉伯数字的乘数相关错误效应（视觉维吾尔语 97.93ms vs. 视觉阿拉伯 39.37ms）。

对视觉、听觉不同感觉通道中的数字语言符号表面形式（视觉维吾尔语数字形式、听觉维吾尔语数字形式）的乘数相关错误效应进行重复测量方差分析显示，视觉维吾尔语数字与听觉维吾尔语数字间的乘数相关错误效应的差异不显著，$F(1, 68) =$

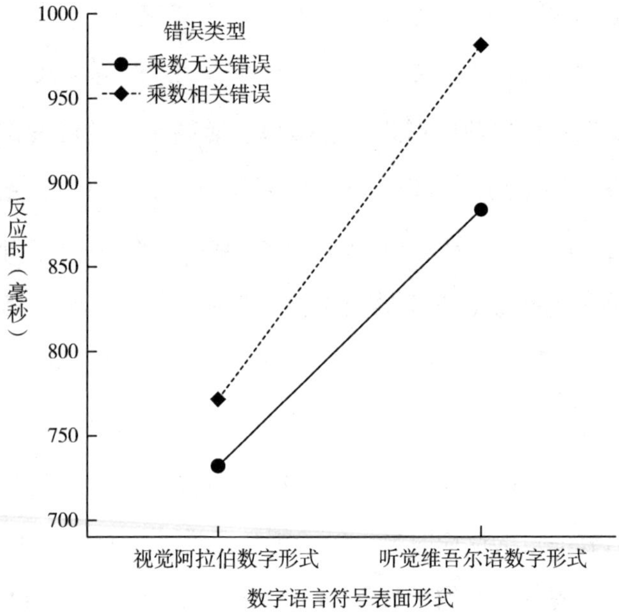

图 26 维吾尔族被试视听不同通道内数字语言符号表面形式（视觉阿拉伯数字形式、听觉维吾尔语数字形式）在不同错误类型上的反应时

0.95，$p=0.33$，$\eta_p^2=0.01$。

对视觉阿拉伯数字与听觉维吾尔语数字的乘数相关错误效应进行重复测量方差分析显示，二者差异不显著，$F(1,69)=1.73$，$p=0.19$，$\eta_p^2=0.02$。然而，我们进行独立样本 t 检验，却发现二者的差异显著，$t(145)=-3.13$，$p<0.01$，视觉阿拉伯数字的乘数相关错误效应显著小于听觉维吾尔语数字的错误效应（视觉阿拉伯 39.37ms vs. 听觉维吾尔语 97.43ms）。

四 汉族、蒙古族、维吾尔族被试间的比较

为了更直观地呈现不同民族间数字语言符号表面形式及错误

类型的差异，我们将算术技能水平作为协变量对三个民族的数据进行方差分析。

对三个民族的视觉阿拉伯数字形式与两种错误类型进行 3 × 2 的重复测量方差分析。其中，数字语言符号表面形式（汉族阿拉伯数字、蒙古族阿拉伯数字、维吾尔族阿拉伯数字）为被试间变量，错误类型为被试内变量。结果显示：在正确率上，数字语言符号表面形式的主效应不显著，$F(2, 204) = 1.47$，$p = 0.23$，$\eta_p^2 = 0.01$；错误类型差异显著，$F(1, 204) = 54.59$，$p < 0.001$，$\eta_p^2 = 0.21$，错误相关（Rel）的正确率显著低于错误无关（Unr）的正确率（相关 0.87 vs. 无关 0.94）；二者的交互作用不显著，$F(2, 204) = 1.48$，$p = 0.23$，$\eta_p^2 = 0.01$。如图 27 所示。

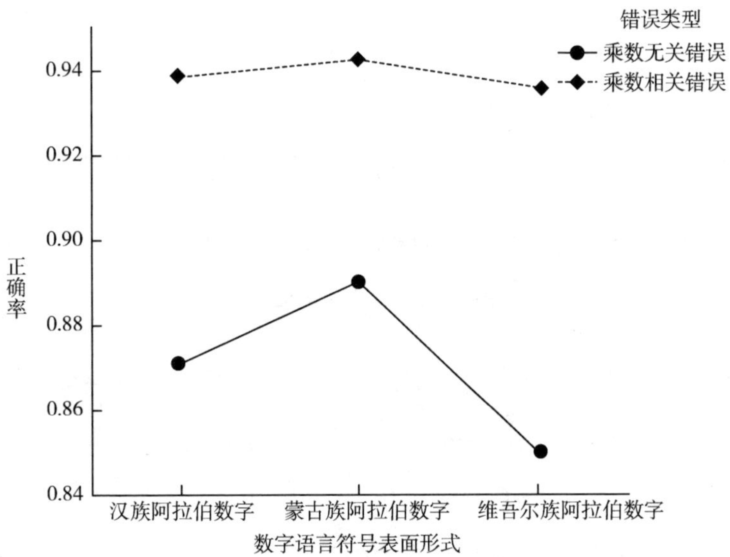

图 27　汉蒙维三民族视觉阿拉伯数字语言符号表面形式在不同错误类型上的正确率

在反应时上，数字语言符号表面形式的主效应不显著，F（2，204）$=0.25$，$p=0.78$，$\eta_p^2=0.002$；错误类型主效应显著，F（1，204）$=6.35$，$p=0.01$，$\eta_p^2=0.03$，错误相关（Rel）的反应时显著长于错误无关（Unr）的反应时（相关733.25ms vs. 无关701.17ms）；二者的交互作用不显著，F（2，204）$=0.24$，$p=0.79$，$\eta_p^2=0.002$。如图28所示。

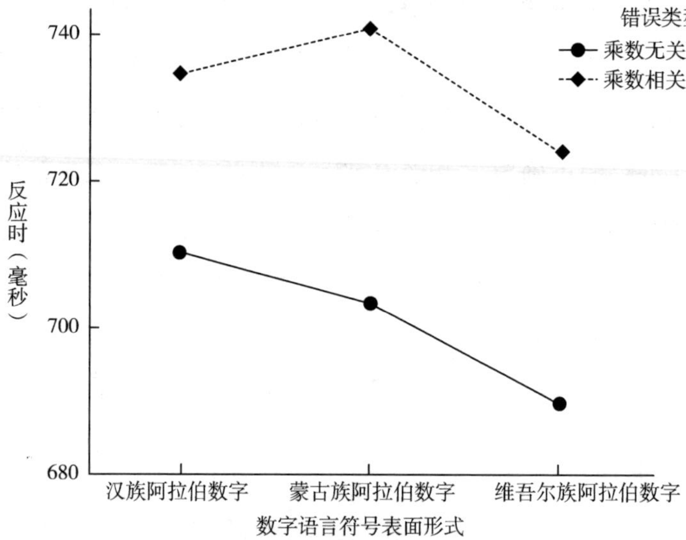

图28　汉蒙维三民族视觉阿拉伯数字语言符号表面形式在不同错误类型上的反应时

对汉、蒙、维三个民族的视觉阿拉伯数字形式的乘数相关错误效应进行方差分析。结果显示：主效应不显著，F（2，207）$=0.24$，$p=0.79$，$\eta_p^2=0.002$。

对视觉通道内汉维两民族的阿拉伯数字形式与两种错误类型进行2×2的重复测量方差分析。结果显示：在正确率上，数字语言符号表面形式主效应不显著，F（1，130）$=0.91$，$p=0.34$，$\eta_p^2=0.01$；错误类型差异显著，F（1，130）$=36.39$，$p<0.001$，

$\eta_p^2=0.22$，错误相关（Rel）的正确率显著低于错误无关（Unr）的正确率（相关0.88 vs. 无关0.94）；二者的交互作用不显著，$F(1, 130)=0.74$，$p=0.39$，$\eta_p^2=0.01$。如图29所示。

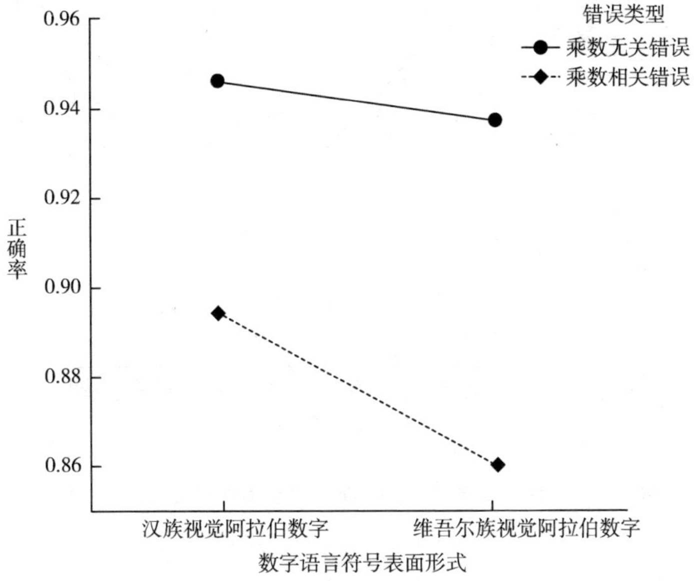

图29　汉维两民族视觉阿拉伯数字形式在不同错误类型上的正确率

在反应时上，数字语言符号表面形式的主效应不显著，$F(1, 130)=0.73$，$p=0.39$，$\eta_p^2=0.01$。错误类型的主效应边缘显著，$F(1, 130)=3.10$，$p=0.08$，$\eta_p^2=0.02$。二者的交互作用不显著，$F(1, 130)=0.41$，$p=0.52$，$\eta_p^2=0.003$。如图30所示。

对视觉通道汉维两民族阿拉伯数字形式的乘数相关错误效应进行方差分析。结果显示：主效应不显著，$F(1, 132)=0.41$，$p=0.52$，$\eta_p^2=0.003$。

对视觉通道内的汉蒙维三种民族语言数字形式与两种错误类型进行 3×2 的重复测量方差分析，结果显示：在正确率上，数字语言符号表面形式主效应不显著，$F(2, 206)=0.54$，$p=$

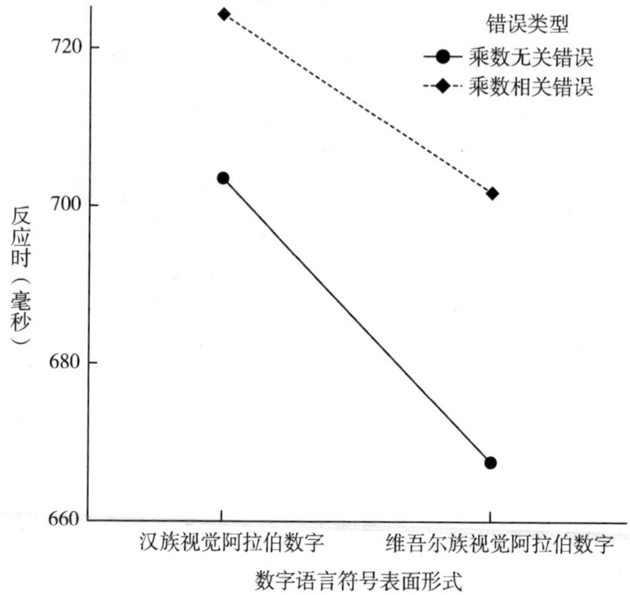

图 30　汉维两民族视觉阿拉伯数字形式在不同错误类型上的反应时

0.58，$\eta_p^2=0.01$；错误类型差异显著，$F(1, 206)=39.49$，$p<0.001$，$\eta_p^2=0.16$，错误相关（Rel）的正确率显著小于错误无关（Unr）的正确率（相关 0.84 vs. 无关 0.93）；二者的交互作用边缘显著，$F(2, 206)=2.72$，$p=0.07$，$\eta_p^2=0.03$。进一步的简单效应分析显示，在视觉汉语数字形式条件下，错误类型差异不显著（Rel 型错误 0.97 vs. Unr 型错误 0.97），$F(1, 207)=0.00$，$p=0.95$；在视觉蒙古语数字形式条件下，错误类型间的差异显著，$F(1, 207)=71.42$，$p<0.001$，错误相关（Rel）的正确率显著低于错误无关（Unr）的正确率（相关 0.80 vs. 无关 0.92）；在视觉维吾尔语数字形式条件下，错误类型间的差异显著，$F(1, 207)=81.59$，$p<0.001$，错误相关（Rel）的正确率显著低于错误无关（Unr）的正确率（相关 0.77 vs. 无关 0.91）。

如图31所示。

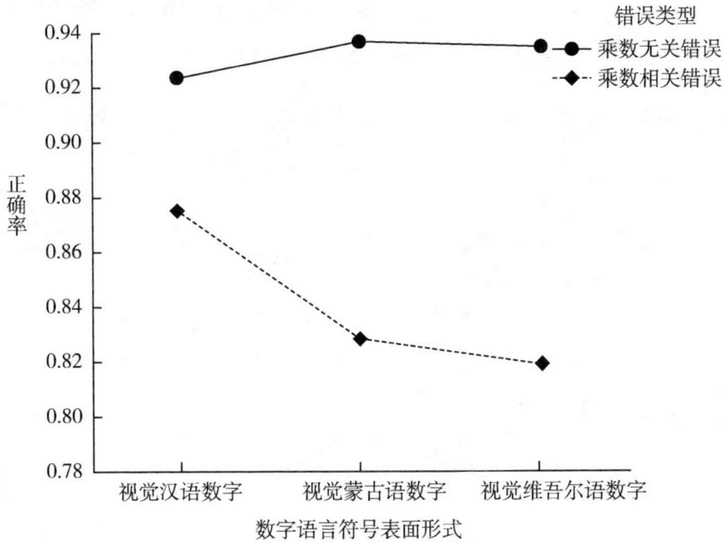

图31　汉蒙维三民族视觉民族语言数字形式在不同错误类型上的正确率

在反应时上，数字语言符号表面形式的主效应显著，$F(2, 206) = 4.05$，$p < 0.05$，$\eta_p^2 = 0.04$，视觉蒙古语数字、视觉维吾尔语数字、视觉汉语数字的反应时分别是：805.67ms、767.55ms、712.02ms；错误类型主效应显著，$F(1, 206) = 19.19$，$p < 0.001$，$\eta_p^2 = 0.09$，错误相关（Rel）的反应时显著长于错误无关（Unr）的反应时（相关795.22ms vs. 无关728.27ms）；二者的交互作用显著，$F(2, 206) = 3.15$，$p < 0.05$，$\eta_p^2 = 0.03$，进一步的简单效应分析显示，在视觉汉语数字形式条件下，错误类型差异不显著（Rel型错误635.82ms vs. Unr型错误626.67ms），$F(1, 207) = 0.48$，$p = 0.49$，在视觉蒙古语数字形式条件下，错误类型间的差异显著，$F(1, 207) = 58.06$，$p < 0.001$，错误相关

（Rel）的反应时显著长于错误无关（Unr）的反应时（相关879.20ms vs. 无关788.72ms），在视觉维吾尔语数字形式条件下，错误类型间的差异显著，$F(1, 207) = 62.70$，$p < 0.001$，错误相关（Rel）的反应时显著长于错误无关（Unr）的反应时（相关856.37ms vs. 无关758.44ms）。如图32所示。

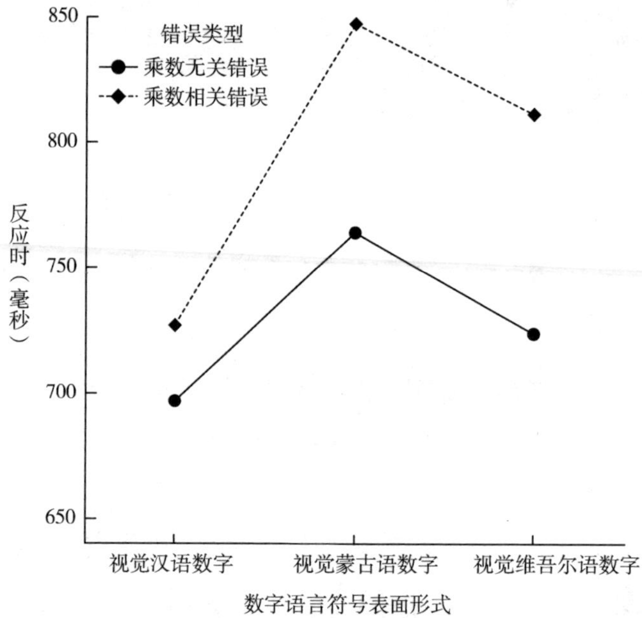

图32 汉蒙维三民族视觉民族语言数字形式在不同错误类型上的反应时

对视觉通道内汉蒙维三种民族语言数字形式的乘数相关错误效应进行重复测量方差分析。结果显示：主效应显著，$F(2, 209) = 3.15$，$p < 0.05$，$\eta_p^2 = 0.03$；视觉维吾尔语数字和视觉蒙古语数字形式的乘数相关错误效应均显著大于视觉汉语数字形式，$p < 0.05$；视觉维吾尔语数字的乘数相关错误效应与视觉蒙古语数字的差异不显著，$p = 0.80$。如图33所示。

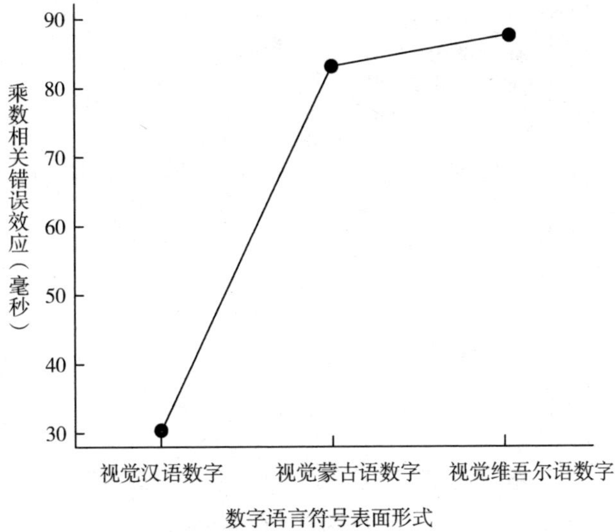

图 33　汉蒙维三民族视觉民族语言数字形式的乘数相关错误效应

对听觉通道内汉蒙维三种民族语言数字形式与两种错误类型进行 3×2 的重复测量方差分析，结果显示：在正确率上，数字语言符号表面形式的主效应显著，$F(2, 204)=3.26$，$p<0.05$，$\eta_p^2=0.03$，听觉汉语数字、听觉蒙古语数字、听觉维吾尔语数字的正确率分别是：0.87、0.91、0.87；错误类型差异显著，$F(1, 204)=53.09$，$p<0.001$，$\eta_p^2=0.21$，错误相关（Rel）的正确率显著小于错误无关（Unr）的正确率（相关 0.83 vs. 无关 0.93）；二者的交互作用不显著，$F(2, 204)=1.94$，$p=0.15$，$\eta_p^2=0.02$。如图 34 所示。

在反应时上，数字语言符号表面形式的主效应不显著，$F(2, 204)=1.42$，$p=0.25$，$\eta_p^2=0.01$；错误类型的主效应显著，$F(1, 204)=20.34$，$p<0.001$，$\eta_p^2=0.09$，错误相关（Rel）的反应时显著长于错误无关（Unr）的反应时（相关 957.51ms

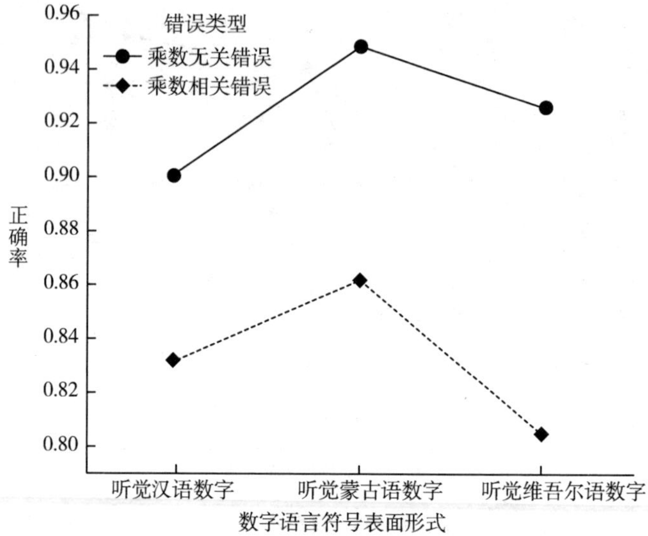

图 34　汉蒙维三民族听觉民族语言数字形式在不同错误类型上的正确率

vs. 无关 861.45ms）；二者的交互作用不显著，$F(2, 204) = 0.87$，$p = 0.42$，$\eta_p^2 = 0.01$。如图 35 所示。

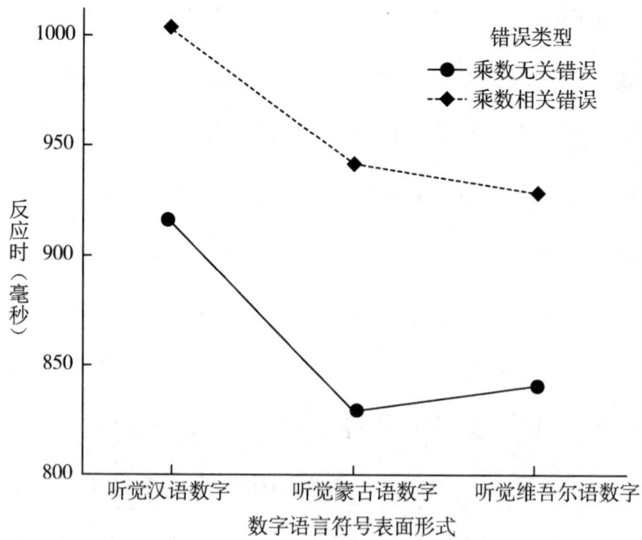

图 35　汉蒙维三民族听觉民族语言数字形式在不同错误类型上的反应时

对听觉通道的三种民族语言数字的乘数相关错误效应进行重复测量方差分析显示，主效应不显著，$F(2, 207)=0.87$，$p=0.42$，$\eta_p^2=0.01$。

第五节　不同数字语言表面形式对复杂的深层次数字加工影响机制的讨论

一　汉族被试

视觉听觉通道中的三种数字语言符号表面形式（视觉阿拉伯数字、视觉汉语数字、听觉汉语数字）均发现了乘数相关错误效应，这与前人研究一致。其中，在反应时上，视觉汉语数字和听觉汉语数字的两种错误类型（乘数相关错误、乘数无关错误）在反应时上的差异均达到了显著水平，视觉阿拉伯数字的两种错误类型在反应时上的差异也达到了边缘显著水平（$p=0.06$）；然而在正确率上，三种数字语言符号表面形式的两种错误类型间的差异均未达到显著水平，这与前人研究的结果不一致（Zhang et al.，2013），我们推测在正确率上未发现乘数相关错误效应的原因，可能是被试在数学能力水平上的差异（Zhang et al.，2013），选取的被试为高考分数在300分左右的高职学生，本次研究采用的被试则为高考分数在600分左右的本科一批学生，乘数相关错误效应对于数学能力水平较低的被试可能更加敏感，而对于数学能力水平相对较高的被试来说，两种错误类型（乘数相关错误、乘数无关错误）的差异可能就会缩小，因为这对于高数学能力被试来说过于简单了。也就是说，高数学能力被试在两种错误类型（乘数相关错误、乘数无关错误）上的差异变小了，没有达到差异的显著水平，但这并不意味着乘数相关错误效应不存在，仅仅是两种错误类型的差异没有达到显著水平而已。本研究中选取的三种数字语言符号表面形式的乘数相关错误类型的正确率均低于乘数无关错误类型，只不过差异比较小尚未达到统计学上的显著水平。因而，民族间被试的同质性是本课题的一大难点，为此，我们选择汉语言文学专业、少数民族语言文学（蒙古语文）专业、维吾尔语言专业的大学本科生作为被试，而且将算术技能作为控制变量。

相同的汉语数字形式，在不同感觉通道（视觉或听觉）中进行数字加工时，视觉通道（视觉汉语数字形式）“反应时显著短于”听觉通道（听觉汉语数字形式）。而且，视觉汉语数字与听觉汉语数字的乘数相关错误效应间的差异显著①，视觉汉语数字的乘数相关错误效应显著小于听觉汉语数字的乘数相关错误效应。这似乎表明相同的数字语言符号表面形式、相同的阅读/书写经验、相同的周围语境、不同的感觉通道，数字的表征方式是不同的，感觉通道影响到深层次的数字加工。关于视觉汉语数字形式的乘数相关错误效应显著小于听觉汉语数字形式的乘数相关错误效应的原因，我们推测，虽然不同感觉通道中都存在乘数相关错误效应，但效应的大小是不一样的，听觉通道下的效应更大，这可能是因为，对乘数无关错误（Unr 型错误）算术知识的

① 对视觉汉语数字形式、听觉汉语数字形式的乘数相关错误效应进行重复测量的方差分析发现，差异不显著；然而，进行独立样本 t 检验，却发现二者的差异显著，视觉汉语数字形式的乘数相关错误效应显著小于听觉汉语数字形式的错误效应（视 9.15ms vs. 听 67.66ms）。对于两种统计方法结果的不同，我们更认可独立样本 t 检验的结果。

记忆的激活程度本来就低，在听觉、视觉感觉通道转换[①]的过程中，这种激活的知识迅速消退，而视觉通道不存在感觉通道的转换，无关错误的知识消退慢，所以可能导致本研究结果。也可能是因为乘数相关错误（Rel 型错误）的知识提取更加容易，在听视感觉通道转换过程中激活了听视两种感觉通道对相关知识的记忆，这加快了相关知识的提取，单一感觉通道产生的感知信息往往强度不够，大脑更倾向于以“多感觉通道整合的模式”来对外部刺激进行感知和反应（赵琪等，2017），视听觉在大脑中的整合对更加准确地感知外部刺激起到了非常重要的促进作用（Stein，Stanford，2008），两种感觉通道的信息整合可能会更加促进对知识的提取，从而使得听视感觉通道上的错误相关效应更大。也许上述二者分别或共同解释了视觉通道上的乘数相关错误效应小于听觉通道上的。

在以视觉通道呈现的不同数字语言符号表面形式（视觉阿拉伯数字、视觉汉语数字）中我们发现，两者在乘数相关错误效应上的差异不显著，而且数字语言符号表面形式、数字语言符号表面形式与错误类型的交互作用在正确率和反应时上亦均不显著。由于视觉阿拉伯数字与视觉汉语数字两者具有相同的感觉通道（均为视觉通道）、相同的阅读/书写经验（均为右行向下）、相同的周围语境以及不同的数字语言符号表面形式（一种为阿拉伯数字形式，一种为汉语数字形式），因而，这似乎表明不同数字语言符号表面形式自身（阿拉伯数字形式、汉语数字形式）的差异无法影响到深层次的数字加工。

---

① 听觉汉语数字形式的被乘数、乘数以听觉汉语数字形式呈现，乘积则与其他数字形式一样均以视觉阿拉伯数字形式呈现，是为了不同数字形式之间的比较。

二 蒙古族被试

在视觉阿拉伯数字、视觉蒙古语数字和听觉蒙古语数字的正确率上，错误类型间的差异显著，乘数相关错误（Rel 型错误）的正确率显著低于乘数无关错误（Unr 型错误）的正确率，这符合我们的研究预期，表明相关的算术知识记忆表征之间联系密切，共享同一操作数的节点（相关错误类型，Rel）比其他节点（无关错误类型，Unr）更容易激活或者获得了更大的激活，从而在乘法运算中提取更容易，进而导致错误率显著增加。而且，在反应时上，也得到了与在正确率上类似的结果，视觉蒙古语数字和听觉蒙古语数字的错误类型间的差异显著，视觉阿拉伯数字形式的错误类型间的差异边缘显著。

进一步分析发现，在同一视觉通道内，视觉阿拉伯数字与视觉蒙古语数字在反应时上存在显著差异，视觉阿拉伯数字“反应时短于”视觉蒙古语数字，视觉蒙古语数字的乘数相关错误效应显著大于视觉阿拉伯数字的乘数相关错误效应[①]。由于两种数字形式（视觉阿拉伯数字与视觉蒙古语数字）的第三个刺激（乘积）的数字形式一致（均为视觉阿拉伯数字形式），所以此差异只能归因于数字形式不同的前两个刺激（被乘数 Op1、乘数 Op2）（一种是视觉阿拉伯数字形式，另一种则是视觉蒙古语数字形式）

---

① 对视觉通道中的阿拉伯数字形式、蒙古语数字形式的乘数相关错误效应进行重复测量方差分析发现，差异不显著。然而，进行独立样本 t 检验，却发现二者的差异显著，视觉蒙古语数字的乘数相关错误效应显著大于视觉阿拉伯数字的乘数相关错误效应（视觉蒙古语 90.48ms vs. 视觉阿拉伯 40.61ms）。对于两种统计方法结果的不同，我们更认可独立样本 t 检验的结果。

在非编码阶段的不同，因为第三个刺激（乘积，Result）出现时，前两个刺激已分别出现2300ms和800ms，这些时间足够对任何数字形式的数字进行编码（Blankenberger，Vorberg，1997；Campbell，1999；Zhang et al.，2013），这表明不同数字语言符号表面形式自身（视觉阿拉伯数字形式、视觉蒙古语数字形式）及其所蕴含的阅读/书写经验对深层次的数量加工产生了差异性影响，也就是说，不同数字语言符号表面形式（视觉阿拉伯数字形式、视觉蒙古语数字形式）及其所蕴含的阅读/书写顺序经验影响到了提取或生成的核心阶段，从而为特异通路假说提供证据支持。关于视觉蒙古语数字形式的乘数相关错误效应显著大于视觉阿拉伯数字形式的乘数相关错误效应的原因，我们推测，这可能是对蒙古族被试来说，对蒙古语数字的提取更加容易，导致乘数相关错误（Rel型错误）的提取阈限比乘数无关错误（Unr型错误）的低，而且这种差异比在阿拉伯数字形式上的更大。另一种可能是，蒙古族被试对阿拉伯数字非常熟悉，导致乘数相关错误（Rel型错误）与乘数无关错误（Unr型错误）的提取之间的难度非常小，从而使得乘数相关错误效应显著小于蒙古语数字。总之，存在共享节点的乘法知识由于在记忆中存在关联，激活的程度不同，但这种激活程度受到数字语言符号表面形式的调节。

在不同感觉通道内，相同的蒙古语数字形式（视觉蒙古语数字、听觉蒙古语数字）在反应时上差异显著，视觉蒙古语数字的反应时显著短于听觉蒙古语数字，而且，视觉蒙古语数字的乘数相关错误效应与听觉蒙古语数字的乘数相关错误效应间的差异也边缘显著。这表明不同感觉通道的数字形式（视觉蒙古语数字、听觉蒙古语数字）也对深层次的数量加工产生了差异性影响，即不同感觉通道数字形式（视觉蒙古语数字、听觉蒙古语数字）影响到了提取或生成的核心阶段，为特异通路假说提供证据支持。

另外，视觉阿拉伯数字与听觉蒙古语数字之间的乘数相关错误效应亦存在显著差异，听觉蒙古语数字的乘数相关错误效应显著大于视觉阿拉伯数字的乘数相关错误效应。视觉阿拉伯数字与听觉蒙古语数字间错误效应差异的原因比同一感觉通道（视觉阿拉伯数字、视觉蒙古语数字）同一数字形式（视觉蒙古语数字、听觉蒙古语数字）的更为复杂，因为它属于不同感觉通道（视觉、听觉）不同数字形式（阿拉伯数字、蒙古语数字）两因素的交织叠加。如前所述，视觉阿拉伯数字与听觉蒙古语数字两者的乘积均为视觉阿拉伯数字形式，差异主要来源于前两个刺激（被乘数 Op1、乘数 Op2），由于第三个刺激（乘积，Result）出现的时候，前两个刺激已分别出现 2300ms 和 800ms，这些时间足够对任何数字形式的数字进行编码，所以前两个刺激在编码阶段的差异可以被剔除，也就是说，视觉阿拉伯数字与听觉蒙古语数字间乘数相关错误效应差异应该归因于感觉通道的差异或者是数字语言符号表面形式及其所蕴含的阅读/书写经验的差异，或者是二者共同的差异，但具体是哪一个或哪几个差异导致的则无法确定。当然，2300ms 和 800ms 的时间间隔足以完成对不同数字形式的编码，但完成编码并不意味着必然退出下一步的数字加工，所以，即使共同通路假说成立，存在一个独立于数字语言符号的抽象语义加工阶段，那么这共同通路的抽象加工也并不是稳定的，还是会受到数字语言符号表面形式、感觉通道的影响。此外，这似乎支持了具身认知观点（Barsalou，2008）中的数字表征（杨雅琳等，2018）认为数字不是简单抽象的，而是携带最初感知觉信息模态的一种符号，个体的知觉、情感，甚至动机都会被那些数字情景的体验引发或激活，而且将会参与到数量表征的过程中。认知的过程就是感知运动信息以模拟的方式被重新激活的过程（杨雅琳等，2018；Pecher，Zwaan eds.，2005）。所以，在数字加工过程中，加工对象是携带着感觉性的模态特殊的元素，而不只是对符号的操作以及以符号的形式储存于记忆中。

三 维吾尔族被试

在视觉阿拉伯数字、视觉维吾尔语数字和听觉维吾尔语数字的正确率上，错误类型间的差异显著，乘数相关错误（Rel 型错误）的正确率显著低于乘数无关错误（Unr 型错误）的正确率。在反应时上也发现了类似的结果，视觉维吾尔语数字与听觉维吾尔语数字的错误类型间的差异显著，乘数相关错误（Rel 型错误）的反应时显著长于乘数无关错误（Unr 型错误）。这与汉族和蒙古族被试的结果相似，表明不同民族、不同感觉通道、不同数字语言符号表面形式的数字均出现了乘数相关错误效应，这也与我们的研究预期一致。

在以视觉通道呈现的不同数字形式（视觉阿拉伯数字、视觉维吾尔语数字）中我们发现，视觉阿拉伯数字的正确率显著高于视觉吾尔维语数字，视觉阿拉伯数字与视觉维吾尔语数字在反应时上的交互作用显著，维吾尔语数字的乘数相关错误效应显著大于阿拉伯数字的乘数相关错误效应。这与蒙古族被试的结果一致，与汉族被试的结果不一致，汉族被试数字语言符号表面形式的主效应不显著（在阿拉伯数字、汉语数字上，汉族被试的乘数相关错误效应差异不显著）。但与维吾尔族和蒙古族被试不同的是，汉语的阿拉伯数字与汉语数字词的发音是相同的，这可能使得两种数字语言符号表面形式的差异性变小，但维吾尔语数字和蒙古语数字与阿拉伯数字的发音则是不同的，比如对数量“5”的发音，阿拉伯数字的发音与汉语数字词的发音相同，维吾尔语数字和蒙古语数字“5”则有着独特的维吾尔语数字和蒙古语数字发音，这使得两种数字形式的差异比汉族的大。我们推测，数字语言符号表面形式对深层次的数字表征（乘数相关错误效应）会产生影响，但这种影响的大小受到两种数字语言符号表面形式的差异大小的调节，差异越大影响也越大（比如，维吾尔语数字与阿拉伯数字的差异要比汉语数字与阿拉伯数字的差异更大，对乘数相关错误效应的影响也更大）。而且，维吾尔族被试与汉族被试存在一定的文化差异，这也可能导致两个民族的结果不同。与蒙古族被试相同，这表明不同数字语言符号表面形式（视觉阿拉伯数字、视觉维吾尔语数字）及其所蕴含的阅读/书写顺序经验对深层次的数量加工产生了差异性影响，从而支持了特异通路假说。

在相同的维语数字形式下，视觉、听觉两种感觉通道的主效应在反应时上差异显著，视觉维吾尔语数字形式的反应时显著短于听觉维吾尔语数字形式。由于视觉维吾尔语数字与听觉维吾尔语数字两者具有相同的周围语境、相同的数字语言符号表面形式及其所蕴含的阅读/书写顺序，唯一不同的就是感觉通道的差异。因而，“视觉维语数字形式的反应时显著短于听觉维语数字形式”

就只能归因于视听觉感觉通道间的差异。也就是说，感觉通道因素对深层次的数量加工产生了差异性影响，也就是，不同感觉通道数字形式（视觉维吾尔语数字、听觉维吾尔语数字）影响到了提取或生成的核心阶段，为特异通路假说提供证据支持。

第五章　结论与讨论

本书采用简单数字加任务中经典的 SNARC 效应和复杂加工任务中的乘数相关错误效应从数字加工的浅层次和深层次两个层面系统考察了数字语言符号表面形式自身、数字语言符号表面形式自身及其所蕴含的阅读/书写顺序经验、感觉通道、数字语言符号表面形式自身所处的周围语境对数字加工的影响。

主要发现是：数字语言符号表面形式自身、感觉通道、数字语言符号表面形式自身所处的周围语境影响到了简单的浅层次数字加工，感觉通道、数字语言符号表面形式自身及其所蕴含的阅读/书写顺序经验影响到了深层次的数字加工，支持特异通路假说（不同的数字语言符号表面形式以非单一抽象的方式进行表征）；数字语言符号表面形式、数字语言符号表面形式自身所处的周围语境两者均没有影响到深层次的数字加工，这又支持了共同通路假说（不同的数字语言符号表面形式以单一抽象的方式进行表征）。这表明同一影响因素（如，数字语言符号表面形式自身、数字语言符号表面形式自身所处的周围语境）到底是符合“共同通路假说”还是“特异通路假说”要受数字加工的不同层次（简单的浅层次、复杂的深层次）的调节。

第一节　数字语言符号表面形式的认知加工机制

一　数字语言符号表面形式自身对数字加工的影响

在简单的浅层次的数字加工任务中，同一感觉通道、同一阅读/书写顺序、同一周围语境的汉族视觉阿拉伯数字形式与视觉汉语数字形式之间的SNARC效应存在显著差异，在视觉阿拉伯数字上存在SNARC效应，而在视觉汉语数字上不存在SNARC效应，同时，视觉阿拉伯数字上的SNARC效应显著大于视觉汉语数字。这一差异的产生只能归因于数字语言符号表面形式自身的差异，也就是说，数字语言符号表面形式自身影响到了浅层次的数字加工。

与浅层次数字加工不一致的是，在复杂的深层次数字加工任务中，汉族视觉阿拉伯数字形式与视觉汉语数字形式之间的乘数相关错误效应的差异却不显著，这表明数字语言符号表面形式自身的差异没有影响到深层次的数字加工。这验证了陈辉（2010）的观点，表明数字语言符号表面形式自身在不同加工层次上存在差异。

二　数字语言符号表面形式自身所处的周围语境对数字加工的影响

在简单的浅层次的数字加工任务中，同一数字语言符号表面形式自身、同一感觉通道、同一数字语言符号表面形式自身及其所蕴含的阅读/书写顺序的汉族视觉阿拉伯数字形式与维吾尔族视觉阿拉伯数字形式之间的 SNARC 效应存在显著差异，在汉族视觉阿拉伯数字形式上发现了 SNARC 效应，而在维吾尔族视觉阿拉伯数字形式上没有发现 SNARC 效应。这一差异的产生只能归因于数字语言符号表面形式自身所处的周围语境的差异（汉族为右行向下，维吾尔族则为左行向下）。也就是说，数字语言符号表面形式自身所处的周围语境影响到了浅层次的数字加工。

与浅层次的数字加工不一致的是，在复杂的深层次的数字加工任务中，汉族视觉阿拉伯数字形式与维吾尔族视觉阿拉伯数字形式之间的乘数相关错误效应的差异并不显著，而且数字语言符号表面形式、数字语言符号表面形式与错误类型的交互作用在正确率和反应时上亦均不显著，这表明数字语言符号表面形式自身所处的周围语境的差异没有影响到深层次的数字加工。这再次验证了陈辉（2010）的观点，表明数字语言符号表面形式自身所处的周围语境在不同加工层次上存在差异。

三 感觉通道对数字加工的影响

在简单的浅层次的数字加工任务中，同一数字语言符号表面形式自身及其所蕴含的阅读/书写顺序、同一周围语境的汉族视觉阿拉伯数字形式与汉族听觉阿拉伯数字形式之间的 SNARC 效应存在显著差异，表明感觉通道影响到了浅层次的数字加工。另外，在视觉蒙古语数字上，在垂直空间方向发现了 SNARC 效应（小数字在上，大数字在下），表明自上而下阅读/书写顺序经验导致了这种数字的空间映射。而且，在听觉蒙古语数字上也发现了与视觉相同的自上而下的垂直方向上的 SNARC 效应，这表明视觉阅读/书写顺序经验跨通道影响到了听觉通道浅层次的数字空间表征。

在复杂的深层次的数字加工任务中，同一数字语言符号表面形式自身、同一数字语言符号表面形式自身及其所蕴含的阅读/书写顺序、同一周围语境的三对数字形式之间（视觉汉语数字 vs. 听觉汉语数字、视觉蒙古语数字 vs. 听觉蒙古语数字、视觉维吾尔语数字 vs. 听觉维吾尔语数字）在反应时上均存在显著差异，视觉通道的反应时均短于听觉通道，听觉汉语数字的乘数相关错误效应显著大于视觉汉语数字，听觉蒙古语数字的乘数相关错误效应边缘显著大于视觉蒙古语数字，这表明感觉通道对深层次的数字加工也产生了影响。然而，视觉维吾尔语数字的乘数相关错误效应与听觉维吾尔语数字的差异不显著，出现了与汉族和蒙古族被试不一致的结果，我们推测可能是差异没有达到显著性水平导致的。

四 数字语言符号表面形式自身及其所蕴含的阅读/书写顺序经验对数字加工的影响

本书研究中，通过对不同数字语言符号表面形式的成对比较，我们将可能影响数字加工的数字语言符号表面形式自身、数字语言符号表面形式自身所处的周围语境和感觉通道三种因素成功分离出来并进行了单独分析和讨论。由于同一数字语言符号表面形式自身与其所蕴含的阅读/书写顺序两者是同一的，我们无法通过控制同一数字语言符号表面形式自身来考察不同阅读/书写顺序经验对数字加工的影响，也就是无法将“数字语言符号表面形式自身及其所蕴含的阅读/书写顺序经验”单独分离出来，因而在接下来的分析中我们将“数字语言符号表面形式自身”与“数字语言符号表面形式自身及其所蕴含的阅读/书写顺序经验”两者结合起来一并分析讨论。

在成对的数字形式中，同时符合“同一感觉通道”“同一周围语境”“数字语言符号表面形式自身及其所蕴含的阅读/书写顺序经验不同”条件的是维吾尔族视觉阿拉伯数字形式与视觉维吾尔语数字形式。其他成对的数字形式（汉族视觉阿拉伯数字形式 vs. 视觉汉语数字形式、蒙古族视觉阿拉伯数字形式 vs. 视觉蒙古语数字形式）具有“同一的阅读/书写顺序经验”，不符合我们的要求。由于阿拉伯数字形式与视觉维吾尔语数字形式的阅读/书写顺序恰好相反，与我们的预期相符，在维吾尔族被试中没有发现浅层次的 SNARC 效应，因而无法对数字语言符号表面形式自身及其所蕴含的阅读/书写顺序经验对浅层次数字加工的具体影响进行考察。

在复杂的深层次的数字加工任务中，维吾尔族视觉阿拉伯数字形式与视觉维吾尔语数字形式之间的乘数相关错误效应存在显著差异，视觉维吾尔语数字形式的效应显著大于视觉阿拉伯数字形式的效应，而且两种数字语言符号表面形式与错误类型间的交互作用在反应时上差异显著，表明数字语言符号表面形式自身及其所蕴含的阅读/书写顺序经验影响到了深层次的数字加工。

第二节 语言和数量加工的内在联系和作用机制

通过补充的六个实验（实验 1 数字的加工对空间词汇加工的

影响、实验 2 空间词汇的加工对数字加工的影响、实验 3 数字的加工对权力词汇加工的影响、实验 4 权力词汇的加工对数字加工的影响、实验 5 字母的加工对抽象权力词汇加工的影响、实验 6 抽象权力词汇的加工对字母加工的影响）发现，语言（空间词汇、抽象权力词汇）与数字的加工存在双向的相互影响，这一发现可能也从某种程度上澄清了一个长期争论的焦点：语言系统影响数量系统的内在机制的问题，以及这一影响是单向的还是双向的问题。

主要发现：（1）数字加工与含有内隐上下空间位置含义的空间词汇的加工相互影响，小数字对应下空间词汇，大数字对应上空间词汇，二者以垂直空间作为中介而相互影响；

（2）数字加工与表示权力属性高低的词汇的加工相互影响，小数字对应高权力词，大数字对应低权力词的倾向可能受到个体对权力进行等级排序的影响。

（3）字母加工与表示权力属性高低的词汇的加工相互影响，排序靠前的字母对应高权力词，排序靠后的字母对应低权力词，表明了数字与权力词汇的相互影响主要以二者的顺序信息为中介而相互作用。

第三节　本研究的创新之处

本书研究选取了中华人民共和国成立前就已经使用文字的 21 个民族（24 种文字）中“使用人数最多”、“影响面最广”、“民族文化色彩最浓厚”、“历史最悠久”、“分属不同语系”和“阅读/书写顺序截然不同”的汉族、蒙古族、维吾尔族三种语言文字，解决了以往数字语言符号表面形式代表性不够的问题。

本书研究将“数字语言符号表面形式自身”与“数字语言符号表面形式自身所蕴含的阅读/书写顺序经验”二者进行了有效分离，以往研究由于选择的数字语言符号表面形式种类较少无法将二者进行有效分离，以至于得出的研究结论将二者混淆在一起，无法更精准地推断出到底是“数字语言符号表面形式自身”还是“数字语言符号表面形式自身所蕴含的阅读/书写顺序经验”，或者是二者共同导致的研究结果。

本书研究将“数字语言符号表面形式自身所处的周围语境”作为考察对象。

第四节 本研究的难点

选取以民族语言为母语、习惯以民族语言和民族文字进行日常语言交流和文字书写且熟练掌握简单乘法问题的蒙古族和维吾尔族被试是本书研究的最大难点，也是本书研究历时六年终于完成的最主要原因，同时也是本研究的亮点之一。

南疆的喀什地区是维吾尔族最大的聚居地，该地区维吾尔族人口占到当地人口的92.2%，由于天山山脉的阻挡，当地与北疆及内地交流比较少，几乎完整保留了维吾尔族的民族文化传统，仍以民族语言和民族文字进行日常语言交流和文字书写。

在少数民族聚居地，选取仍以民族语言和民族文字进行日常语言交流和文字书写的蒙古族和维吾尔族被试也存在较大难度。

在民族交流和融合日益密切的今天，较高比例的少数民族儿童、青少年自幼儿园起便接受汉语汉文教育，不再习惯以民族语言进行交流、以民族文字进行书写。习惯仍以民族语言和民族文字进行日常交流和书写的蒙古族和维吾尔族被试以居住在偏远地区的老年人为主，然而，偏远地区老年人的文化水平普通较低，绝大多数只懂民族语言不识民族文字，不符合本研究要求被试接受过教育（习惯以民族文字进行书写）且熟练掌握简单乘法问题的基本要求。

为确保本研究的顺利进行且最大限度地保证被试的同质性，汉族被试选择汉语言文学专业大学生，蒙古族被试选择中国少数民族语言文学小学蒙古语文教育专业大学生，维吾尔族被试选择维吾尔族聚居地喀什大学维吾尔语言专业大学生，蒙古族和维吾尔族被试均为来自内蒙古偏远地区或新疆喀什地区的民考民学生（少数民族考生在高考时使用本民族语言文字的试卷），蒙古族和维吾尔族被试均习惯以民族语言/民族文字进行日常语言交流和文字书写。

第五节　本研究的不足

本研究在数字语言符号表面形式的选择上，虽然解决了以往数字语言符号表面形式代表性不够的问题，但却无法将文字在日常工作生活中的使用频率这一重要变量进行控制。此外，本书研究结论基于行为实验结果，在脑成像层面上的结论是否一致有待进一步探讨。

第六节 研究结论

1. “数字语言符号表面形式自身”“感觉通道”“数字语言符号表面形式自身所处的周围语境”“不同的阅读/书写顺序经验与不同的周围语境二者共同作用”均影响到了简单的浅层次的数字加工，“感觉通道”“数字语言符号表面形式自身及其所蕴含的阅读/书写顺序经验”影响到了复杂的深层次的数字加工，支持了特异通路假说（不同的数字语言符号表面形式以非单一抽象的方式进行表征）；

2. “数字语言符号表面形式自身”“数字语言符号表面形式自身所处的周围语境”两者均没有影响到深层次的数字加工，支持了共同通路假说（不同的数字语言符号表面形式以单一抽象的方式进行表征）；

3. 同一影响因素（如，数字语言符号表面形式自身、数字语言符号表面形式自身所处的周围语境）到底是符合“共同通路假说”还是“特异通路假说”受数字加工的不同层次（简单的浅层次、复杂的深层次）的调节；

4. 本研究支持具身认知观的数字加工。

参考文献

陈辉：《数字加工过程中数量表征方式的 ERP 研究》，硕士学位论文，浙江大学，2010 年。

陈丽竹、叶浩生：《“重”即“重要”？重量隐喻的具身视角》，《心理研究》2017 年第 4 期。

陈栩茜、何本炫、张积家：《加法运算中数学知识和语义知识的整合》，《心理学报》2012 年第 6 期。

定险峰、靖桂芳、徐成：《SNARC 效应起源的实验研究》，《心理科学》2010 年第 5 期。

樊景珍：《听觉与视觉通道下的数字加工比较研究》，硕士学位论文，苏州大学，2014 年。

胡林成、熊哲宏：《刺激模拟量的空间表征：面积和亮度的类 SNARC 效应》，《心理科学》2011 年第 1 期。

胡林成、熊哲宏：《符号数量和非符号数量的空间表征：5 岁儿童的 SNARC 效应和距离效应》，《心理科学》2016 年第 2 期。

孔风、赵晶晶、游旭群、张宇：《听觉通道下负数的低水平加工引起注意的 SNARC 效应》，《心理与行为研究》2012 年第 1 期。

李红霞、司继伟、陈泽建、张堂正：《人类的近似数量系统》，《心理科学进展》2015 年第 4 期。

林泳海、刘登强、赵志远：《瑶族小学生跨语言数字启动效应与双语数字表征》，《鲁东大学学报》（哲学社会科学版）2014 年第 3 期。

刘东台、李小建：《语言与数量认知关系的新认识》，《心理科学进展》2006 年第 5 期。

任林林：《不同加工通道下数字的空间表征研究》，硕士学位论文，陕西师范大学，2014 年。

司继伟、周超、张传花、仲蕾蕾：《不同加工深度非符号数量信息的 SNARC 效应：眼动证据》，《心理学报》2013 年第 1 期。

王琎、邓园：《语言系统对不同数量系统的影响机制》，《心理科学进展》2014 年第 6 期。

王乃弋：《数学算式结构加工的 ERP 研究》，博士学位论文，西南大学，2008 年。

杨金桥、张奇：《SNARC 效应的研究及展望》，《心理科学》2010 年第 3 期。

杨伟星：《汉语词汇与数字加工的共同表征基础》，硕士学位论文，山东师范大学，2018 年。

杨伟星、张明亮、李红霞、杨雅琳、司继伟：《人类基本数学能力的进化证据》，《心理科学进展》2017 年第 5 期。

杨雅琳、杨伟星、张明亮、司继伟：《从数量表征到数表征：具身认知视角下的人类数能力获得》，《心理科学》2018 年第 1 期。

叶浩生：《具身认知：认知心理学的新取向》，《心理科学进展》2010 年第 5 期。

叶浩生：《心智具身性：来自不同学科的证据》，《社会科学》2013a

年第 5 期。

叶浩生:《认知与身体:理论心理学的视角》,《心理学报》2013b 年第 4 期。

叶浩生、麻彦坤、杨文登:《身体与认知表征:见解与分歧》,《心理学报》2018 年第 4 期。

张恩涛、方杰、林文毅、罗俊龙:《抽象概念表征的具身认知观》,《心理科学进展》2013 年第 3 期。

张明亮:《不同通道条件下大学生简单乘法心算的语义加工机制》,硕士学位论文,山东师范大学,2008 年。

张明亮、司继伟、朱晓文:《数字表面形式加工的特异通路特性:来自乘数相关错误效应的证据》,第十二届全国心理学学术大会论文,济南,2009 年 11 月。

张宇、雷维娜、游旭群:《负数的低水平加工引起的空间注意转移——如果心理数字线可以延伸至零的左边》,《心理科学》2010 年第 4 期。

赵琪、李龙凤、邓之君、陈英和:《数量空间表征的特点:跨视听通道下的 SNARC 效应》,《心理发展与教育》2017 年第 2 期。

郑皓元、叶浩生、苏得权:《有关具身认知的三种理论模型》,《心理学探新》2017 年第 3 期。

Amalric Marie and Dehaene Stanislas, "Origins of the Brain Networks for Advanced Mathematics in Expert Mathematicians", *Proceedings of the National Academy of Sciences of the United States of America*, Vol. 113, No. 18, 2016, pp. 4909 – 4917.

Ansari Daniel, "Effects of Development and Enculturation on Number Representation in the Brain", *Nature Reviews Neuroscience*, Vol.

9, No. 4, 2008, pp. 278 – 291.

Barsalou W. Lawrence, "Grounded Cognition", *Annual Review of Psychology*, Vol. 59, No. 1, 2008, pp. 617 – 645.

Bassok Miriam, Pedigo F. Samuel and Oskarsson T. An, "Priming Addition Facts with Semantic Relations", *Journal of Experimental Psychology: Learning, Memory, and Cognition*, Vol. 34, No. 2, 2008, pp. 343 – 352.

Blankenberger Sven and Vorberg Drik, "The Single-Format Assumption in Arithmetic Fact Retrieval", *Journal of Experimental Psychology Learning Memory & Cognition*, Vol. 23, No. 3, 1997, pp. 721 – 738.

Borghi M. Anna, Binkofski Ferdinand, Castelfranchi Cristiano, Cimatti Felice, Scorolli Claudia and Tummolini Luca, "The Challenge of Abstract Concepts", *Psychological Bulletin*, Vol. 143, No. 3, 2017, pp. 263 – 292.

Brysbaert Marc, "Number Recognition in Different Formats", in Jamie I. D. Campbell, eds., *Handbook of Mathematical Cognition*, New York: Psychology press, 2005, pp. 23 – 42.

Campbell, I., D. Jamie, "Architectures for Numerical Cognition", *Cognition*, Vol. 53, No. 1, 1994, pp. 1 – 44.

Campbell, I., D. Jamie, "Calculation Latency: The μ of Memory and the τ of Transformation", *Memory & Cognition*, Vol. 34, No. 1, 2006, pp. 217 – 226.

Campbell, I., D. Jamie, Dowd R. Rowd, Frick M. Jillian, McCallum N. Kendra and Metcalfe W. Arron, "Neighborhood Consistency and Memory for Number Facts", *Memory & Cognition*, Vol. 39,

No. 5, 2011, pp. 884 – 893.

Campbell, I., D. Jamie, "Mechanisms of Simple Addition and Multiplication: A Modified Network-Interference Theory and Simulation", *Mathematical Cognition*, Vol. 1, No. 2, 1995, pp. 121 – 164.

Campbell, I., D. Jamie, Parker, H. R. and Doetzel, N. L., "Interactive effects of numerical surface form and operand parity in cognitive arithmetic", *Journal of Experimental Psychology: Learning, Memory & Cognition*, Vol. 30, No. 1, 2004, pp. 51 – 64.

Campbell, I., D. Jamie, "The Surface Form X Problem Size Interaction in Cognitive Arithmetic: Evidence Against an Encoding Locus", *Cognition*, Vol. 70, No. 2, 1999, pp. B25 – B33.

Campbell, I., D. Jamie and Metcalfe W. Arron, "Arabic Digit Naming Speed: Task Context and Redundancy Gain", *Cognition*, Vol. 107, No. 1, 2008, pp. 218 – 237.

Campbell, I., D. Jamie ed., *The Nature and Origins of Mathematical Skills*, North-Holland: Elsevier Science Publishers, 1992, pp. 457 – 492.

Cantlon-F. Jessica, Platt L. Michael and Brannon M. Elizabeth, "Beyond the Number Domain", *Trends in Cognitive Sciences*, Vol. 13, No. 2, 2009, pp. 83 – 91.

Cao, Bihua, Li, Fuhong and Li, Hong, "Notation-Dependent Processing of Numerical Magnitude: Electrophysiological Evidence from Chinese Numerals", *Biological Psychology*, Vol. 83, No. 1, 2010, pp. 47 – 55.

Chomsky Noam, *Language and Mind: Biolinguistics and the Human*

Capacity, Cambridge: Cambridge University Press, 2006.

Dehaene, Stanislas, "Varieties of numerical abilities", *Cognition*, Vol. 44, Nol. 1 – 2, 1992, pp. 1 – 42.

Dehaene Stanislas, Bossini Serge and Giraux Pascal, "The Mental Representation of Parity and Number Magnitude", *Journal of Experimental Psychology: General*, Vol. 122, No. 3, 1993, pp. 371 – 396.

Dehaene Stanislas, Dupoux Emmanuel and Mehler Jacques, "Is numerical comparison digital? Analogical and symbolic effects in two-digit number comparison", *Journal of experimental Psychology: Human Perception and performance*, Vol. 16, No. 3, 1990, pp. 626 – 641.

Dehaene Stanislas, Spelke, E., Pinel, P., Stanescu, R. and Tsivkin, S., "Sources of Mathematical Thinking: Behavioral and Brain-Imaging Evidence", *Science*, Vol. 284, No. 5416, 1999, pp. 970 – 974.

Dehaene Stanislas, "The Organization of Brain Activations in Number Comparison: Event-Related Potentials and the Additive-Factors Method", *Journal of Cognition Neuroscience*, Vol. 8, No. 1, 1996, pp. 47 – 68.

Dehaene Stanislas and Akhavein Rokny, "Attention, Automaticity, and Levels of Representation in Number Processing", *Journal of Experimental Psychology: Learning, Memory, and Cognition*, Vol. 21, No. 2, 1995, pp. 314 – 326.

Domenico Parisi, "The Other Half of the Embodied Mind", *Frontiers in Psychology*, Vol. 2, 2011, pp. 1 – 8.

Dormal Valérie, Andres Michael, Dormal Giulia and Pesenti Mauro,

"Mode-Dependent and Mode-Independent Representations of Numerosity in the Right Intraparietal Sulcus", *NeuroImage*, Vol. 52, No. 4, 2010, pp. 1677 – 1686.

Dove Guy, "Beyond Perceptual Symbols: A Call for Representational Pluralism", *Cognition*, Vol. 110, No. 3, 2009, pp. 412 – 431.

Duyck Wouter and Brysbaert Marc, "Semantic Access in Number Word Translation: The Role of Crosslingual Lexical Similarity", *Experimental Psychology*, Vol. 55, No. 2, 2008, pp. 102 – 112.

Evans S. William, Caplan David and Waters Gloria, "Effects of Concurrent Arithmetical and Syntactic Complexity on Self-Paced Reaction Times and Eye Fixations", *Psychonomic Bulletin & Review*, Vol. 18, No. 6, 2011, pp. 1203 – 1211.

Fedorenko Evelina, Alfonso Nieto-Castañón and Nancy Kanwisher, "Syntactic processing in the human brain: What we know, what we don't know, and a suggestion for how to proceed", *Brain and language*, Vol. 120, No. 2, 2012, pp. 187 – 207.

Fedorenko Evelina, Gibson Edward and Rohde Douglas, "The Nature of Working Memory in Linguistic, Arithmetic and Spatial Integration Processes", *Journal of Memory and Language*, Vol. 56, No. 2, 2007, pp. 246 – 269.

Fias Wim, Lammertyn Jan, Reynvoet Bert, Dupont Patrick and Orban A. Guy, "Parietal Representation of Symbolic and Nonsymbolic Magnitude", *Journal of Cognitive Neuroscience*, Vol. 15, No. 1, 2003, pp. 47 – 56.

Fischer H. Martin, Riello Marianna, Giordano L. Bruno and Rusconi

Elena, "Singing Numbers … in Cognitive Space: A Dual-Task Study of the Link between Pitch, Space, and Numbers", *Topics in Cognitive Science*, Vol. 52, No. 2, 2013, pp. 354 – 366.

Fischer H. Martin, "Why Numbers are Embodied Concepts", *Frontiers in Psychology*, Vol. 8, 2018, pp. 1 – 3.

Fischer H. Martin and Rottmann Julia, "Do Negative Numbers Have a Place on the Mental Number Line", *Psychology Science*, Vol. 47, No. 1, 2005, pp. 22 – 32.

Fischer H. Martin and Shaki Samuel, "Implicit Spatial-Numerical Associations: Negative Numbers and the Role of Counting Direction", *Journal of Experimental Psychology: Human Perception and Performance*, Vol. 43, No. 4, 2017, pp. 639 – 643.

Fischer Ursula, Moeller Korbinian, Class Friderike, Huber Stefan, Cress Ulrike and Nuerk Hans-Christoph, "Dancing with the SNARC: Measuring Spatial-Numerical Associations on a Digital Dance Mat", *Canadian Journal of Experimental Psychology*, Vol. 70, No. 4, 2016, pp. 306 – 315.

French W. John, Ekstrom B. Ruth and Price A. Leighton, *Manual for Kit of Reference Tests for Cognitive Factors*, Princeton, NJ: Educational Testing Service, 1963.

Gallese Vittorio and Lakoff George, "The Brain's Concepts: The Role of the Sensory-Motor System in Conceptual Knowledge", *Cognitive Neuropsychology*, Vol. 22, No. 3, 2005, pp. 455 – 479.

Ganor-Sternand Tzelgov, "Across-Notation Automatic Numerical Processing", *Journal of Experimental Psychology: Learning, Memo-*

ry, and Cognition, Vol. 34, No. 2, 2008, pp. 430 – 437.

Gelman Rochel and Gallistel R. Charles, "Language and the Origin of Numerical Concepts", *Science*, Vol. 306, No. 5695, 2004, pp. 441 – 443.

Goffaux Valérie, Martin Romain, Dormal Giulia, Goebel Rainer and Schiltz Christine, "Attentional Shifts Induced by Uninformative Number Symbols Modulate Neural Activity in Human Occipital Cortex", *Neuropsychologia*, Vol. 50, No. 14, 2012, pp. 3419 – 3428.

Golob J. Edward, Lewald Jörg, Jungilligens Johannes and Getzmann Stephan, "Interaction of Number Magnitude and Auditory Localization", *Perception*, Vol. 45, No. 1 – 2, 2015, pp. 165 – 179.

Hauser D. Marc, Chomsky Noan and Fitch W. Tecumseh, "The Faculty of Language: What Is It, Who Has It, and How Did It Evolve?" *Science*, Vol. 298, No. 5598, 2002, pp. 1569 – 1579.

Herrera Amparo and Macizo Pedro, "Cross-Notational Semantic Priming between Symbolic and Nonsymbolic Numerosity", *The Quarterly Journal of Experimental Psychology*, Vol. 61, No. 10, 2008, pp. 1538 – 1552.

Holloway D. Ian, Price R. Gavin and Ansari Daniel, "Common and Segregated Neural Pathways for the Processing of Symbolic and Nonsymbolic Numerical Magnitude: An fMRI Study", *NeuroImage*, Vol. 49, No. 1, 2010, pp. 1006 – 1017.

Holyoak J. Keith and Morrison G. Robert, eds., *The Oxford Handbook of Thinking and Reasoning*, New York: Oxford University Press, 2012, pp. 234 – 259.

Houdé Olivier and Tzourio-Mazoyer Nathalie, "Neural Foundations of Logical and Mathematical Cognition", *Nature Reviews Neuroscience*, Vol. 4, No. 6, 2003, pp. 507 – 514.

Hung Y. Hui, Hung L. Daisy, Tzeng J. L. Ovid and Wu H. Denise, "Flexible Spatial Mapping of Different Notations of Numbers in Chinese Readers", *Cognition*, Vol. 106, No. 3, 2008, pp. 1441 – 1450.

Imbo Ineke, Vandierendonck André and Rosseel Yves, "The Influence of Problem Features and Individual Differences on Strategic Performance in Simple Arithmetic", *Memory & Cognition*, Vol. 35, No. 3, 2007, pp. 454 – 463.

Jackson Natalie and Coney Jeffrey, "Simple Arithmetic Processing: Surface Form Effects in a Priming Task", *Acta Psychologica*, Vol. 125, No. 1, 2007, pp. 1 – 19.

Jost Kerstin, Beinhoff Ulrike, Henninghausen Erwin and Rösler Frank, "Facts, Rules, and Strategies in Single-Digit Multiplication: Evidence from Event-Related Brain Potentials", *Cognitive Brain Research*, Vol. 20, No. 2, 2004, pp. 183 – 193.

Kadosh R. Cohen, Henik Avishai and Rubinsten Orly, "Are Arabic and Verbal Numbers Processed in Different Ways?" *Journal of Experimental Psychology: Learning, Memory, and Cognition*, Vol. 34, No. 6, 2008, pp. 1377 – 1391.

Kadosh-R. Cohen, "Numerical Representation: Abstract or Nonabstract?" *The Quarterly Journal of Experimental Psychology*, Vol. 61, No. 8, 2008, pp. 1160 – 1168.

Kadosh-R. Cohen and Dowker Ann, eds., *The Oxford Handbook of Nu-*

merical Cognition, Oxford: Oxford University Press, 2015.

Kadosh R. Cohen, Kadosh Kathrin Cohen, Kaas Amanda, Henik Avishai and Goebe Rainer, "Notation—Dependent and—Independent Representations of Numbers in the Parietal Lobes", *Neuron*, Vol. 53, No. 2, 2007, pp. 307 – 314.

Lachmair Martin, Dudschig Carolin, Vega D. L. Irmgard and Kaup Barbara, "Relating Numeric Cognition and Language Processing: Do Numbers and Words Share a Common Representational Platform?", *Acta Psychologica*, Vol. 148, No. 3, 2014, pp. 107 – 114.

Lee H. Seung, DeWolf Melissa, Bassok Miriam and Holyoak J. Keith, "Conceptual and Procedural Distinctions between Fractions and Decimals: A Cross-National Comparison", *Cognition*, Vol. 147, No. 1, 2016, pp. 57 – 69.

Libertus E. Melissa, Woldorff G. Marty and Brannon M. Elizabeth, "Electrophysiological Evidence for Notation Independence in Numerical Processing", *Behavioral and Brain Functions*, Vol. 3, No. 1, 2007, pp. 1 – 15.

Lin Zhu, "An Embodied Cognition Perspective on Translation Education: Philosophy and Pedagogy", *Perspectives Studies in Translatology Theory and Practice*, Vol. 26, No. 1, 2018, pp. 135 – 151.

Macaruso Paul, McCloskey Michael and Aliminosa Donna, "The Functional Architecture of the Cognitive Numerical-Processing System: Evidence from a Patient with Multiple Impairments", *Cognitive Neuropsychology*, Vol. 10, No. 4, 1993, pp. 341 – 376.

Metcalfe W. S. Arron and Campbell I. D. Jamie, "Spoken Numbers versus Arabic Numerals: Differential Effects on Adults' Multiplication and Addition", *Canadian Journal of Experimental Psychology*, Vol. 62, 2008, pp. 56 – 61.

Moeller Korbinian, Klein Elise, Fischer H. Martin, Nuerk Hans—Christoph and Willmes Klaus, "Representation of Multiplication Facts: Evidence for Partial Verbal Coding", *Behavioral and Brain Functions*, Vol. 7, No. 1, 2011, pp. 25 – 34.

Moeller Korbinian, Shaki Samuel, Göbel M. Silke and Nuerk Hans—Christoph, "Language Influences Number Processing—a Quadrilingual Study", *Cognition*, Vol. 136, 2015, pp. 150 – 155.

Núñez E. Rafael, "Is There Really an Evolved Capacity for Number?" *Trends in Cognitive Sciences*, Vol. 21, No. 6, 2017, pp. 409 – 424.

Núñez-Peña M. Isabel and Honrubia-Serrano M. Luisa, "P600 related to rule violation in an arithmetic task", *Cognitive Brain Research*, Vol. 18, No. 2, 2004, pp. 130 – 141.

Niedeggen Michael, Rösler Frank and Jost Kerstin, "Processing of Incongruous Mental Calculation Problems: Evidence for an Arithmetic N400 Effect", *Psychophysiology*, Vol. 36, No. 3, 1999, pp. 307 – 324.

Nieder Andreas, Diester Ilka and Tudusciuc Oana, "Temporal and Spatial Enumeration Processes in the Primate Parietal Cortex", *Science*, Vol. 313, No. 5792, 2006, pp. 1431 – 1435.

Nieder Andreas, "Number Faculty is Rooted in our Biological Heritage", *Trends in Cognitive Sciences*, Vol. 21, No. 6, 2017, pp. 403 – 404.

Nuerk Hans-Christoph, Wood Guilherme and Willmes Klaus, "The

Universal SNARC Effect: The Association between Number Magnitude and Space is Amodal", *Experimental Psychology*, Vol. 52, No. 3, 2005, pp. 187 – 194.

Pecher Diane and Zwaan A. Rolf, eds., *The Grounding of Cognition: The Role of Perception and Action in Memory, Language, and Thinking*, Cambridge, UK: Cambridge University Press, 2005, pp. 224 – 245.

Piazza Manuela, Pinel Philippe, Bihan L. Denis and Dehaene Stanislas, "A Magnitude Code Common to Numerosities and Number Symbols in Human Intraparietal Cortex", *Neuron*, Vol. 53, No. 2, 2007, pp. 293 – 305.

Pinel Philippe, Dehaene Stanislas, Rivie're Denis and LeBihan Denis, "Modulation of Parietal Activation by Semantic Distance in a Number Comparison Task", *NeuroImage*, Vol. 14, No. 5, 2001, pp. 1013 – 1026.

Prior Anat, Katz Michal, Mahajna Islam and Rubinsten Orly, "Number Word Structure in First and Second Language Influences Arithmetic Skills", *Frontiers in Psychology*, Vol. 17, 2015, pp. 1 – 10.

Raghubar P. Kimberly, Barnes A. Marcia and Hecht A. Steven, "Working Memory and Mathematics: A Review of Developmental, Individual Difference, and Cognitive Approaches", *Learning and Individual Differences*, Vol. 20, No. 2, 2010, pp. 110 – 122.

Rapp Monica, Bassok Miriam, DeWolf Melissa and Holyoak J. Keith, "Modeling Discrete and Continuous Entities with Fractions and Decimals", *Journal of Experimental Psychology: Applied*, Vol. 21,

No. 1, 2015, pp. 47 – 56.

Roggeman Chantal, Verguts Tom and Fias Wim, "Priming Reveals Differential Coding of Symbolic and Non-Symbolic Quantities", *Cognition*, Vol. 105, No. 2, 2007, pp. 380 – 394.

Scheepers Christoph, Sturt Patrick, Martin J. Catherine, Myachykov Andriy, Teevan Kay and Viskupova Izabela, "Structural Priming across Cognitive Domains from Simple Arithmetic to Relative-Clause Attachment", *Psychological Science*, Vol. 22, No. 10, 2011, pp. 1319 – 1326.

Scheepers Christoph and Sturt Patrick, "Bidirectional Syntactic Priming across Cognitive Domains: From Arithmetic to Language and Back", *The Quarterly Journal of Experimental Psychology*, Vol. 67, No. 8, 2014, pp. 1643 – 1654.

Shaki Samuel, Fischer H. Martin and Petrusic M. William, "Reading Habits for Both Words and Numbers Contribute to the SNARC Effect", *Psychonomic Bulletin & Review*, Vol. 16, No. 2, 2009, pp. 328 – 331.

Simon Olivier, Mangin Jean-Francois, Cohen Laurent, Bihan L. Denis and Dehaene Stanislas, "Topographical Layout of Hand, Eye, Calculation, and Language-related Areas in the Human Parietal Lobe", *Neuron*, Vol. 33, No. 3, 2002, pp. 475 – 487.

Sokol M. Scott, Mccloskey Michael, Cohen J. Neal and Aliminosa Donna, "Cognitive Representations and Processes in Arithmetic: Inferences from the Performance of Brain-Damaged Subjects", *Journal of Experimental Psychology: Learning, Memory, and Cogni-*

tion, Vol. 17, No. 3, 1991, pp. 355 – 376.

Stazyk H. Edmund, Ashcraft H. Mark and Hamann S. Mary, "A Network Approach to Mental Multiplication", *Journal of Experimental Psychology: Learning, Memory, and Cognition*, Vol. 8, No. 4, 1982, pp. 320 – 335.

Stein E. Barry and Stanford R. Terrence, "Multisensory Integration: Current Issues from the Perspective of the Single Neuron", *Nature Reviews Neuroscience*, Vol. 9, No. 4, 2008, pp. 255 – 266.

Sullivan V. Jaclynn, "Learning and Embodied Cognition: A Review and Proposal", *Psychology Learning & Teaching*, Vol. 17, No. 2, 2018, pp. 128 – 143.

Van R. Amandine and Schiltz Christine, "Sixty-twelve = Seventy-two? A Cross-Linguistic Comparison of Children's Number Transcoding", *British Journal of Developmental Psychology*, Vol. 34, No. 3, 2016, pp. 461 – 468.

Winter Bodo, Matlock Teenie, Shaki Samuel and Fischer H. Martin, "Mental Number Space in Three Dimensions", *Neuroscience and Biobehavioral Reviews*, Vol. 57, 2015, pp. 209 – 219.

Zebian Samar, "Linkages between Number Concepts, Spatial Thinking, and Directionality of Writing: The SNARC Effect and the Reverse SNARC Effect in English and Arabic Monoliterates, Biliterates, and Illiterate Arabic Speakers", *Journal of Cognition and Culture*, Vol. 5, No. 1, 2005, pp. 165 – 190.

Zhang Mingliang, Si Jiwei and Zhu Xiaowen, "Separate Pathway Characteristics of Numerical Surface Form Processing: Evidence from

Operand-Related Error Effects", *American Journal of Psychology*, Vol. 126, No. 1, 2013, pp. 33 –44.

Zhou Xinlin, Chen Chuansheng, Qiao Sibing, Chen Chunhui, Chen Lan, Lu Na and Dong Qi, "Event-Related Potentials for Simple Arithmetic in Arabic Digits and Chinese Number Words: A Study of the Mental Representation of Arithmetic Facts through Notation and Operation Effects", *Brain Research*, Vol. 1302, No. 3, 2009, pp. 212 –224.

Zwaan, Rolf A. and Carol J. Madden, "Embodied sentence comprehension", Grounding cognition: The role of perception and action in memory, language, and thinking, 22 (2005) .

索　引

A

阿拉伯数字　1，3－5，10，18－22，24－30，48－53，56－59，61，64，72，77，79－81，89－94，100

B

block　30，60

被试　6，7，17，18，20，21，25，27－54，56－66，68－73，75，76，78，79，87，88，90，91，93，94，100，102，103

边缘显著　32，36，44，61，66，70－72，81，82，87，90，91，99

标准差　32，43－45，47，57

表征计算理论　13

C

Campbell　9，10，17，18，20，50，54，59，91

策略　10，58

乘数相关错误效应　2－4，7，17，18，20，24，55，57，61，65，66，72，73，77，78，80，81，84，85，87－94，96－100

抽象编码模型　14，19，20

抽象表征理论模型　9，99

抽象数字符号　13

抽象语义加工　9，92

错误率　9，17，21，32，43－45，47，90

D

Dehaene　6，8，11，20－23，

29，48
大小效应 8－10
递归能力 23
点阵 10
顶内沟 8，12，21
顶叶 8，12，21
动机 15，93
独立样本 t 检验 65，66，72，78，88，90
对效应 6，58
多元编码模型 14，19，20，50

E

E-Prime 59
额下回 22

F

反应时 7，9，17，21，28，32－48，57，61－78，80－91，93，94，98－100
方差分析 31，33－35，37－48，61，62，64－67，69，70，72－75，77－81，84，85，87，88，90

G

概念表征 14
概念通达 14
概念系统 13
概念形成 14，15
感觉通道 2－5，16，17，24，26，28，42，44，48，49，54，55，57，60，62－65，69，70，72，75－77，88，89，91－100，104
感觉运动系统 13
感知—运动系统 15
工作记忆 23，28，58
共同通路假说 7－9，11，18，92，96，104

H

汉语数字 1，3－5，11，19，21，22，24，25，27－30，33，34，45，48－50，52，53，56－59，61－66，82－85，87－89，94，97，99，100
回归系数 44

J

计算系统 19
简单数字加工 2－4，24，26，27，31，48

简单效应分析 32，33，36－39，43，46，48，70，71，74，82，83
交互作用 9，10，12，15，20，32－38，40－42，44，62－64，67，69－71，74，76，77，79－83，85，86，89，93，98，100
近似数量系统 22
精确数量系统 22
具身认知 4，14，15，17，23，50，54，93，104
具身认知理论 12，15

K

空间映射 50－52，98
控制变量 88
跨通道 26，53，54，99
跨文化性 23

L

类比推理 23
离身认知 13－15
离身认知理论 14，15
理解系统 19
罗马数字 5

M

蒙古语数字 1，3－5，19，24，25，27－29，35－40，45－47，52－54，56－59，66－73，82－85，90－92，94，98－100
模拟数量编码模块 20

N

N400 18
脑成像研究 21

Q

奇偶判断任务 21
奇数偶数相乘规律 57
启动效应 9，10，23
乔姆斯基 2
情感 15，93
情境 12，14，15，51，52

R

认知过程 12，14
认知加工 1，3，7，8，54－56
认知加工机制 3，4，11，24，97

认知科学 13，14
认知神经科学 21
认知资源 22

S

SNARC 效应 2，3，6，15－17，20，21，24－27，32－34，36－38，42，44，45，47－54，96－98，100
三重编码模型 14，19，20
身体 12－14
身心二元论 14
生成 7－10，18，91，92，95
生成系统 19
事件相关电位（ERP） 22
视觉阿拉伯编码模块 20
视觉阿拉伯数字形式 2，18，31－33，35，39，43，48，50－53，56，57，59，61－68，70－82，89－92，97，98，100
视觉汉语数字 1，4，33，45，49，50，56，59，61－63，65，82－84，87－89，97，99，100
视觉蒙古语数字 1，35－37，45，46，52－54，56，59，66－70，72，82－84，90－92，98－100
视觉数字形式 3，24
视觉通道 16，17，27，44，49，52，55－57，59，62－64，67－69，72，74－77，80，81，84，88－90，93，99
视觉阅读/书写顺序经验 26，54，99
视听通道 27
数概念 13，15
数量比较 2
数量表征 2，5，9，13，15，18－22，93
数量加工 2，4，22，23，51，91，92，94，95，100
数学认知 1，5，22，23
数字表面形式 19，42，49，59，61，66，69，71－73
数字加工 2－4，7－10，15，18－20，22，24－27，31，48－50，53－56，60，87－89，92，93，96－101，104
数字语言符号 1－3，7－12，24
数字语言符号表面形式 1，3－

5，8－11，15－22，24－28，30，31，48－50，52－57，60－71，73－81，83，85，87－89，91－94，96－100，102－104

算术技能问卷 28，56－58，60

算术流畅性 28，58

T

特异通路假说 2，7－11，18，50，54，91，92，94－96，104

提取 7－10，14，18，21，89－92，95

听觉汉语数字 1，4，30，34，45，56，61－66，85，87－89，99

听觉蒙古语数字 1，4，53，54，66，73，85，90－92，98，99

听觉蒙古语数字形式 38－40，47，57，66，67，69－72

听觉数字形式 3，24

听觉通道 16，17，26，44，45，49，53－57，59，64，69，76，77，85，87－89，99

听觉言语编码模块 20

听觉言语数字形式 2，18

W

5 效应 58

晚期正成分（LPC） 18

维吾尔语数字 1，3－5，19，20，24，25，27－29，40，41，53，56－59，73－78，82－85，93－95，99，100

X

线性回归分析 42，44

相关 2－5，7，8，17，18，20，22，24，25，32，43－45，47，55，57，61，63－67，69－85，87－94，96－100

小数加工系统 22

协变量 60，61，79

心理数字线 6，7，51

心智 12－14

信息加工过程 13

Y

叶浩生 12－15

因变量 28，42，44，57

英语数字 5，10，19，21，26

语言 1-5，7-28，30，31，48-50，52-57，60-71，73-81，83-89，91-94，96-104

语义编码 20

语义表征 8，14

语义联系 7

语义数量效应 9

语义系统 13

阅读/书写顺序 4，25，27，49，51，53，56，94，97-100

阅读/书写顺序经验 4，24，26，49-52，54，91，94，96，98-100，102，104

Z

知觉 13-15，93

知情同意书 28

中心语义表征系统 8

重复测量方差分析 31，34，35，37-44，46-48，61，62，65-67，69，70，72-75，77-81，84，85，87，90

主试 30，59

主效应 32-36，38-44，46-48，62-64，67，69-71，74-77，79-81，83-85，87，94

注视点 29，30，58，59

自变量 42，44

附　　录

附录1　本课题被试签署的知情同意书

研究背景介绍：

您将被邀请参加一项由张明亮博士主持的研究。这是为探讨数字语言符号如何影响数字认知加工而进行的一项研究，选取国内三个不同的语言体系：汉语、维吾尔语和蒙古语。它将历时1.5小时。此项目由国家社会科学基金资助进行。

本知情同意书提供给您一些信息以帮助您决定是否参与此项研究。您参加本项研究是自愿的。本次研究已通过山东师范大学伦理审查委员会审查。如果您同意加入此项研究，请看下列有关本研究的说明。

请您仔细阅读，如有任何疑问请向负责该项研究的研究者提出。

研究目的：

国外研究发现“数字语言符号如何影响认知加工”是认知研究中的核心问题和热点问题之一。对于该问题的探讨并未形成一致的结论。已有研究发现阅读/书写经验影响简单数字加工（Moeller，Shaki，Göbel，Nuerk，2015），如数字比较。研究者虽发现了不同数字表面形式中数量加工的差异，但是并未揭示个体是如何对不同数字表面形式的数量进行加工的。本研究选取国内三个不同的语言体系：汉语、维吾尔语和蒙古语，从视觉和听觉两个不同通道上，探讨数字语言符号如何影响认知加工。

研究方法和过程：

本次研究预期参与人数为300人。汉族、维吾尔族和蒙古族各100人。如果您同意参与这项研究，我们将对每位参与者进行编号，以便后续分析。在研究过程中，请您根据介绍的实验过程参与实验即可。

研究可能的受益：

本次研究主要用于探讨数字语言符号如何影响认知加工，有利于解释语言符号与数字认知之间的关系。

研究的风险和不适：

由于本研究仅适用台式电脑及其相关器材，因此不存在风险或不适。

隐私问题：

如果您决定参加本项研究，您参与实验及在实验中的个人资料均属保密。对于您来说，所有的信息将是保密的。例如：您的最终结果是以研究编号而非您的姓名加以标识。可以识别您身份的信息将不会透露给研究小组以外的成员，除非获得您的许可。这项研究结果发表时，也将会对您的个人信息进行保密。

实验后利益分享：

为感谢您的参与，本研究在结束后根据您在实验中的表现，给予您一份丰厚的礼物表示感谢。

自由退出：

作为受试者，您可随时了解与本研究有关的信息资料和研究进展，自愿觉得（继续）参加还是不（继续）参加。参加后，您可以选择在任何时候通知研究者研究退出研究，您的数据将不纳入研究结果。如果继续参加研究，如有不适，研究者也将会终止研究的进行。

但在参加研究期间，请您提供有关自身病史和当前身体状况的真实情况；不得服用药物、保证实验前的睡眠等；告诉研究者最近是否参与类似的研究。如果因为您没有遵守研究程序，或有其他原因，研究者可以终止您继续参与本项研究。

知情同意签字：

我已经阅读了本知情同意书，并且我的主试已经将此次研究的目的、内容、风险和受益情况向我做了详细的解释说明，对于我询问的所有问题也给予了解答，我对此项研究已经了解，我自愿参加本研究。

受试者签名：______________日期：______ 年____月____日

附录 2　本课题被试测试过的《算术技能问卷》

编号：

您好：

首先感谢您的配合和参加，本测验只用于科研，不做其他任何用途，测验中涉及的个人信息仅用于后续的分析和可能的有关计算机实验，不涉及社会评价，请大家按照测验的要求填写。谢谢您的合作！

《数字语言符号的认知加工机制》课题组

性　　别：　男/女

年　　龄：＿＿＿＿＿＿

民　　族：　汉/维/蒙

家庭住址：　城市/乡镇

测验一

加法测验

本测验用于检测加法的速度和准确性。并不期望您能在规定的时间内完成所有的题目。

请将答案写在题目下面的方格里。下面是一些练习题，第一题已经给出了正确答案。请练习后面的题目，以帮助您提高得分。

练习题：

4	7	12	84	7	34	17	45	31	80
9	6	5	54	38	81	50	41	52	78
+1	+15	+67	+72	+80	+51	+74	+89	+19	+15
14									

您在此测验上的得分是您正确解决题目的数目。请您在保证准确性的前提下尽可能快地回答问题。

您在此测验上的得分是您正确解决题目的数目。请您在保证准确性的前提下尽可能快地回答问题。

本测验分为两部分，每部分限时 2 分钟。每个部分是一页。当完成第一部分时，请停止作答。在没有要求的情况下请不要继续作答第二部分。

未要求的情况下请不要做下一页。

第一部分（2 分钟）

8	2	12	43	67	23	83	63	19	48
3	51	42	71	95	74	14	99	57	17
+7	+8	+53	+11	+52	+8	+19	+5	+83	+39

19	69	6	30	50	75	39	52	17	81
8	40	67	98	42	17	90	45	55	83
+27	+44	+38	+59	+13	+19	+82	+91	+58	+42

4	75	36	18	40	5	16	49	44	99
98	34	20	63	3	26	18	27	7	88
+31	+22	+54	+92	+59	+89	+39	+36	+80	+77

25	11	76	85	33	42	13	31	62	54
47	23	41	47	59	23	87	8	38	34
7	+48	+53	+85	+16	+18	+58	+53	+49	+78

14	74	65	38	58	63	47	84	62	22
41	86	58	25	86	29	74	34	15	83
+38	+93	+34	+77	+55	+22	+31	+19	+26	+19

6	91	17	33	73	66	78	19	63	47
37	13	38	51	78	89	34	56	23	2
+98	+87	+67	+65	+45	+32	+65	+45	+43	+39

未要求的情况下请不要翻到下一页，也请不要返回前面的部分！

（停止）

第二部分（2 分钟）

76	69	34	48	77	53	18	94	38	42
38	93	33	45	24	49	61	5	58	34
+71	+85	+51	+99	+44	+77	+22	+37	+88	+76
6	46	57	55	46	85	28	92	14	48
23	53	53	31	37	34	73	34	65	29
+44	+37	+35	+13	+99	+8	+44	+63	+83	+77
83	50	67	72	48	62	31	11	98	37
9	34	78	98	1	81	38	74	87	32
+13	+42	+45	+62	+98	+23	+48	+68	+39	+62
73	9	49	23	36	56	17	43	17	41
52	27	61	7	32	60	49	15	97	57
+61	+83	+14	+69	+88	+17	+51	+38	+82	+78
13	88	67	96	90	77	62	59	97	84
26	45	47	78	50	34	73	19	57	79
+58	+9	+62	+14	+26	+61	+23	+56	+31	+8
82	80	55	96	6	91	9	77	86	77
12	39	10	68	85	21	88	24	11	84
+65	+4	+41	+29	+37	+49	+43	+38	+48	+59

未要求的情况下请不要翻到下一页，也请不要返回前面的部分！

（停止）

减法和乘法测验

本测验用于检测减法和乘法的速度和准确性。并不期望您能在规定的时间内完成所有的题目。

请将答案写在题目下面的方格里。下面是一些练习题，第一题已经给出了正确答案。请练习后面的题目，以帮助您提高得分。

可以在空白处演算。

练习题：

减法：

98	40	37	84	81	76	59	90	46	56
−75	−35	−19	−47	−38	−40	−46	−31	−29	−23
233									

乘法：

86	67	30	81	42	37	82	86	43	69
×6	×4	×3	×8	×5	×8	×4	×3	×6	×7
516									

您在此测验上的得分是您正确解决题目的数目。请您在保证准确性的前提下尽可能快地回答问题。

本测验分为两部分，每部分限时 2 分钟。每个部分是一页。当完成第一部分时，请停止作答。在没有要求的情况下请不要继续作答第二部分。

未要求的情况下请不要翻到下一页。

第三部分（2 分钟）

89	52	60	51	85	18	49	83	42	68
-60	-48	-39	-28	-23	-11	-37	-57	-23	-47

73	41	69	29	16	63	60	52	85	36
×8	×5	×3	×9	×8	×8	×4	×4	×6	×7

52	91	60	42	94	98	50	53	61	41
-19	-23	-31	-31	-45	-64	-33	-19	-45	-27

52	98	41	19	15	49	71	30	48	81
×9	×3	×8	×6	×4	×2	×9	×8	×7	×5

39	61	29	31	54	92	60	43	70	94
-23	-37	-19	-14	-12	-65	-43	-27	-32	-24

45	32	79	37	19	52	17	47	39	78
×9	×6	×2	×8	×9	×6	×5	×2	×3	×7

未要求的情况下请不要翻到下一页，也请不要返回前面的部分！

（停止）

第四部分（2 分钟）

48	42	95	81	40	51	42	97	93	74
-19	-31	-65	-62	-31	-27	-18	-18	-45	-23

14	38	50	80	61	52	97	72	16	49
×3	×8	×2	×9	×7	×7	×4	×7	×5	×6

65	36	80	51	82	91	68	75	64	42
-39	-22	-46	-27	-31	-64	-59	-34	-24	-37

52	71	96	47	83	16	44	50	62	39
×7	×2	×8	×6	×3	×8	×3	×8	×6	×5

99	61	91	82	25	73	58	57	59	31
-45	-27	-60	-47	-19	-45	-32	-17	-42	-27

13	68	75	67	45	94	52	83	61	54
×8	×4	×5	×8	×9	×7	×6	×7	×6	×9

测验结束，非常感谢您的参与！

祝心情愉快，学习进步！

附录3 不同数字表面形式对简单的浅层次数字加工的影响机制实验指导语

练习完毕

如果您还不了解本实验程序，想回去继续练习，请您按“P”键；如果您已了解本实验程序，可以进行正式实验，请您按“Q”键，请您选择！

【P】——继续练习　　　　　【Q】——正式实验

指导语

欢迎您参加我们的实验！

首先，屏幕中央出现一个红色的“+”注视点，提醒您实验开始，并集中注意力注视屏幕中央；接着，呈现一个数字，请您又快又准地判断该数字比数字“5”大还是小，如果数字大于5，请按“F”键；如果数字小于5，请您按“J”键。

在正式实验开始之前有个简短的练习，明白上述指导语之后，请您坐好，按“空格键”开始练习。

指导语

欢迎您参加我们的实验！

首先，屏幕中央出现一个红色的“+”注视点，提醒您实验开始，并集中注意力注视屏幕中央；接着，呈现一个数字，请您又快又准地判断该数字比数字“5”大还是小，如果数字大于5，请按“J”键；如果数字小于5，请您按“F”键。

在正式实验开始之前有个简短的练习，明白上述指导语之后，请您坐好，按“空格键”开始练习。

指导语

欢迎您参加我们的实验！

首先，屏幕中央出现一个红色的“+”注视点，提醒您实验开始，并集中注意力注视屏幕中央；接着，呈现一个数字，请您又快又准地判断该数字比数字“五”大还是小，如果数字大于五，请按“F”键；如果数字小于五，请您按“J”键。

在正式实验开始之前有个简短的练习，明白上述指导语之后，请您坐好，按“空格键”开始练习。

指导语

欢迎您参加我们的实验!

首先，屏幕中央出现一个红色的“ + ”注视点，提醒您实验开始，并集中注意力注视屏幕中央；接着，呈现一个数字，请您又快又准地判断该数字比数字“五”大还是小，如果数字大于五，请按“J”键；如果数字小于五，请您按“F”键。

在正式实验开始之前有个简短的练习，明白上述指导语之后，请您坐好，按“空格键”开始练习。

指导语

欢迎您参加我们的实验!

首先，屏幕中央出现一个红色的“ + ”注视点，提醒您实验开始，并集中注意力听双耳的声音；接着，听到一个数字，请您又快又准地判断该数字比数字“5”大还是小，如果数字大于5，请按“F”键；如果数字小于5，请您按“J”键。

在正式实验开始之前有个简短的练习，明白上述指导语之后，请您坐好，按“空格键”开始练习。

指导语

欢迎您参加我们的实验！

首先，屏幕中央出现一个红色的“+”注视点，提醒您实验开始，并集中注意力听双耳的声音；接着，听到一个数字，请您又快又准地判断该数字比数字“5”大还是小，如果数字大于5，请按“J”键；如果数字小于5，请您按“F”键。

在正式实验开始之前有个简短的练习，明白上述指导语之后，请您坐好，按“空格键”开始练习。

指导语

欢迎您参加我们的实验！

首先，屏幕中央出现一个红色的“+”注视点，提醒您实验开始，并集中注意力听双耳的声音；接着，听到一个数字，请您又快又准地判断该数字比数字“五”大还是小，如果数字大于五，请按“F”键；如果数字小于五，请您按“J”键。

在正式实验开始之前有个简短的练习，明白上述指导语之后，请您坐好，按“空格键”开始练习。

指导语

欢迎您参加我们的实验！

首先，屏幕中央出现一个红色的“+”注视点，提醒您实验开始，并集中注意力听双耳的声音；接着，听到一个数字，请您又快又准地判断该数字比数字“五”大还是小，如果数字大于五，请按“J”键；如果数字小于五，请您按“F”键。

在正式实验开始之前有个简短的练习，明白上述指导语之后，请您坐好，按“空格键”开始练习。

指导语

欢迎您参加我们的实验！

首先，屏幕中央出现一个红色的“+”注视点，提醒您实验开始，并集中注意力注视屏幕中央；接着，呈现一个数字，请您又快又准地判断该数字比数字“᠕”大还是小，如果数字大于᠕，请按“F”键；如果数字小于᠕，请您按“J”键。

在正式实验开始之前有个简短的练习，明白上述指导语之后，请您坐好，按“空格键”开始练习。

指导语

欢迎您参加我们的实验！

首先，屏幕中央出现一个红色的“ + ”注视点，提醒您实验开始，并集中注意力注视屏幕中央；接着，呈现一个数字，请您又快又准地判断该数字比数字“༥”大还是小，如果数字大于༥，请按“J”键；如果数字小于༥，请您按“F”键。

在正式实验开始之前有个简短的练习，明白上述指导语之后，请您坐好，按“空格键”开始练习。

指导语

欢迎您参加我们的实验！

首先，屏幕中央出现一个红色的“ + ”注视点，提醒您实验开始，并集中注意力听双耳的声音；接着，听到一个数字，请您又快又准地判断该数字比数字“༥”大还是小，如果数字大于༥，请按“F”键；如果数字小于༥，请您按“J”键。

在正式实验开始之前有个简短的练习，明白上述指导语之后，请您坐好，按“空格键”开始练习。

指导语

欢迎您参加我们的实验！

首先，屏幕中央出现一个红色的“+”注视点，提醒您实验开始，并集中注意力听双耳的声音；接着，听到一个数字，请您又快又准地判断该数字比数字“ᠲᠠᠪᠤ”大还是小，如果数字大于ᠲᠠᠪᠤ，请按“J”键；如果数字小于ᠲᠠᠪᠤ，请您按“F”键。

在正式实验开始之前有个简短的练习，明白上述指导语之后，请您坐好，按“空格键”开始练习。

指导语

欢迎您参加我们的实验！

首先，屏幕中央出现一个红色的“+”注视点，提醒您实验开始，并集中注意力注视屏幕中央；接着，呈现一个数字，请您又快又准地判断该数字比数字“بەش”大还是小，如果数字大于بەش，请按“F”键；如果数字小于بەش，请您按“J”键。

在正式实验开始之前有个简短的练习，明白上述指导语之后，请您坐好，按“空格键”开始练习。

指导语

欢迎您参加我们的实验！

首先，屏幕中央出现一个红色的“+”注视点，提醒您实验开始，并集中注意力注视屏幕中央；接着，呈现一个数字，请您又快又准地判断该数字比数字“بەش”大还是小，如果数字大于بەش，请按“J”键；如果数字小于بەش，请您按“F”键。

在正式实验开始之前有个简短的练习，明白上述指导语之后，请您坐好，按“空格键”开始练习。

指导语

欢迎您参加我们的实验！

首先，屏幕中央出现一个红色的“+”注视点，提醒您实验开始，并集中注意力听双耳的声音；接着，听到一个数字，请您又快又准地判断该数字比数字“بەش”大还是小，如果数字大于بەش，请按“F”键；如果数字小于بەش，请您按“J”键。

在正式实验开始之前有个简短的练习，明白上述指导语之后，请您坐好，按“空格键”开始练习。

指导语

欢迎您参加我们的实验!

首先，屏幕中央出现一个红色的“+”注视点，提醒您实验开始，并集中注意力听双耳的声音；接着，听到一个数字，请您又快又准地判断该数字比数字“بەش”大还是小，如果数字大于بەش，请按“J”键；如果数字小于بەش，请您按“F”键。

在正式实验开始之前有个简短的练习，明白上述指导语之后，请您坐好，按“空格键”开始练习。

附录4　不同数字表面形式对复杂的深层次数字加工的影响机制实验指导语

练习完毕

如果您还不了解本实验程序，想回去继续练习，请您按“P”键；如果您已了解本实验程序，可以进行正式实验，请您按“Q”键，请您选择！

【P】——继续练习　　　　【Q】——正式实验

指导语

欢迎您参加我们的实验！

首先，屏幕中央出现一个红色的“+”注视点，提醒您实验开始，并集中注意力注视屏幕中央；其次，呈现一个数字，呈现时间较短，请您记住该数字；再次，呈现第二个数字，同样请您记住该数字；最后，在该数字下面会呈现第三个数字，请您又快又准地判断该数字是否是前两个数字的乘积，如果是，请按“是”键；如果不是，请按“否”键。

在正式实验开始之前有个简短的练习，明白上述指导语之后，请您坐好，按“空格键”开始练习。

指导语

欢迎您参加我们的实验！

首先，屏幕中央出现一个红色的“+”注视点，提醒您实验开始，并集中注意力听双耳的声音和看屏幕中央；其次，双耳听到一个数字，持续时间较短，请您记住该数字；再次，双耳听到第二个数字，同样地请您记住该数字；最后，屏幕中央呈现一个数字，请您又快又准地判断屏幕中央呈现的数字是不是双耳听到的两个数字的乘积，如果是，请按“是”键；如果不是，请按“否”键。

在正式实验开始之前有个简短的练习，明白上述指导语之后，请您坐好，按“空格键”开始练习。

附录 5　课题组赴内蒙古部分实验现场图片

附录6 课题组赴新疆喀什部分实验现场图片

后　记

抽象数字的外在表现形式多样，同一数量拥有截然不同的数字语言符号，以数量“1”为例，汉语数字为“一”、蒙古语数字为“᠑”、维吾尔语数字为“بىر”、阿拉伯数字为“1”、英语数字为“one”等。绝大多数国家（民族）都拥有两套以上的数字语言符号系统，其中一套是使用最广泛的阿拉伯数字，另一套则是基于本国/民族语言文字的数字（比如，汉语数字、蒙古语数字、维吾尔语数字）。那么，人们对这些不同数字语言符号的数字是以一种单一抽象的方式进行表征，还是以非单一抽象的方式进行表征？虽有大量研究进行探讨，但远未形成一致的结果。我们推测，数字语言符号的具体表征方式可能取决于任务需求，对于一些相对较为简单的任务，个体对数字语言符号以浅层次的方式进行表征，而对于那些相对复杂的任务，个体对数字语言符号则以深层次的方式进行表征。

基于此，本书选择三个民族（汉族、蒙古族、维吾尔族），四种“使用人数最多”、“影响面最广”、“民族文化色彩最浓厚”、“历史最悠久”、“分属不同语系”和“书写顺序截然不同”的数字语言符号（汉语数字、蒙古语数字、维吾尔语数字、阿拉伯数字），两种不同的感觉通道（视觉数字形式、听觉数字形式），从数字加工的浅层次（选用代表浅层次数字加工的SNARC效应为核心考察指标）和深层次（选用代表深层次数字加工的乘数相关错误效应为核心考察指标）两个层面开展研究，系统考察“数字语言符号表面形式自身”、“数字语言符号表面形式自身及其所蕴含的阅读/书写顺序经验”、“数字语言符号表面形式自身所处的周围语境”（周围语言文字的阅读/书写顺序，如阿拉伯数字“5”处于视觉汉语数字形式和视觉维吾尔语数字形式语境中是不同的，视觉汉语数字形式阅读/书写顺序是右行向下，而视觉维吾尔语数字形式则是左行向下）、“感觉通道”是否会影响浅层次（或深层次）的简单的（或复杂的）数字加工。进而，揭示数字语言符号的表征方式到底是单一抽象的还是非单一抽象的，或者表征方式受数字加工任务的调节。

我们发现：“数字语言符号表面形式自身”、“感觉通道”、“数字语言符号表面形式自身所处的周围语境”、“不同的阅读/书写顺序经验与不同的周围语境二者共同作用”均影响到了简单的浅层次的数字加工，“感觉通道”、“数字语言符号表面形式自身及其所蕴含的阅读/书写顺序经验”影响到了复杂的深层次的数字加工，表明不同的数字语言符号以“非单一抽象的方式”进行表征；“数字语言符号表面形式自身”、“数字语言符号表面形式自身所处的周围语境”两者均没有影响到深层次的数字加工，表明不同的数字语言符号以“单一抽象的方式”进行表征；同一影响因素（如，数字语言符号表面形式自身、数字语言符号表面形式自身所处的周围语境）的具体表征方式要受数字加工的不同层次（简单的浅层次、复杂的深层次）的调节，在浅层次是以非单一抽象的方式进行表征，而在深层次则以单一抽象的方式进行表征。研究结果证实了我们的推测。

与以往研究相比，本书在以下几方面有所创新。首先，本书选取了中华人民共和国成立前就已经使用文字的 21 个民族（24 种文字）中“使用人数最多”、“影响面最广”、“民族文化色彩最浓厚”、“历史最悠久”、“分属不同语系”和“书写顺序截然不同”的汉族、蒙古族、维吾尔族三种语言文字，解决了以往数字表面形式代表性不够的问题。其次，本书将“数字语言符号表面形式自身”与“数字语言符号表面形式自身所蕴含的阅读/书写顺序经验”二者进行了有效分离，以往研究由于选择的数字语言符号表面形式种类较少无法将二者进行分离，以至于得出的研究结论将二者混淆在一起，无法更精准地推断出到底是“数字语言符号表面形式自身”还是“数字语言符号表面形式自身所蕴含的阅读/书写顺序经验”或者是二者共同导致的研究结果。最后，本书将“数字语言符号表面形式自身所处的周围语境”作为考察对象。

本书研究还有诸多遗憾，留待以后弥补。本研究在数字语言符号表面形式的选择上，虽然解决了以往数字语言符号表面形式代表性不够的问题，但却无法将文字在日常工作生活中的使用频率这一重要变量进行控制。此外，本书研究结论基于行为实验结果，在脑成像层面上的结论是否一致有待进一步探讨。

本书在撰写过程中得到司继伟教授的重要启发，邢淑芬教授、刘文理教授等对本书研究提出了很多建设性意见，对笔者的后续研究具有重要参照。在实验设计与撰写过程中，黄碧娟博士与杨伟星博士承担了大量艰苦细致的工作。在实验实施过程中得到李红霞博士、黄碧娟博士、杨伟星博士、王婷婷和张佳佳等师弟师妹的大力支持，尤其是李红霞博士、黄碧娟博士、杨伟星博士、王婷婷、张佳佳与笔者一起奔赴内蒙古寻找以蒙古语为母语且习惯以蒙古文书写的蒙古族被试开展实验研究，杨伟星博士、张佳佳与笔者一起远赴新疆喀什寻找以维吾尔语为母语且习惯以维吾尔语书写的维吾尔族被试开展实验研究，内蒙古草原、喀什噶尔古城、伽师县、疏勒县、帕米尔高原留下了我们探寻的足迹。本书是国家社会科学基金项目“数字语言符号的认知加工机制——以汉蒙维数字为例”（立项编号：12CYY022；结项鉴定等级：良好；结项证书号：20190887）的最终成果。本书能够顺利出版，得益于中国社会科学出版社郭晓鸿老师的支持与帮助，特此感谢。本人主持的中共山东省委党校（山东行政学院）科研支撑项目为本书出版提供资助，在此一并致谢。